Ulrich Schliewen

Aquarien-
fische von A bis Z

➤ Beliebte Fische fürs Süßwasser-Aquarium
➤ Extra: Garnelen, Krebse und Schnecken

Inhalt

Fischfamilien

Fische im Porträt

Biotop-Aquarien

Anhang

Fischfamilien

Es gibt heute unzählige Fischarten, die in Aquarien gepflegt
werden. Zu welchen Fischfamilien
die einzelnen Arten gehören und
wodurch sich die jeweiligen Familien auszeichnen, finden Sie im
folgenden Kapitel beschrieben.

Süßwasserstech-rochen
Potamotrygonidae

Allgemeines: Etwa 30 Arten leben im tropischen Südamerika in großen Flüssen. Auch auf anderen Kontinenten leben Süßwasserrochen aus anderen Familien, die allerdings selten importiert werden und nicht sehr artenreich sind. Bis auf eine Art werden alle mindestens 60 cm groß und können nur in riesigen Becken gehalten werden. **Biologie:** Die Süßwasserrochen Südamerikas sind lebend gebärend und bringen nach einer längeren Tragzeit voll entwickelte Jungrochen zur Welt. **Besonderes:** Alle Arten haben einen gefährlichen Stachel am peitschenartigen Schwanz, mit dem sie Feinde schwer verletzen können. In Rochenbecken nie mit bloßen Händen fassen!

Flösselhechte
Polypteridae

Allgemeines: Die etwa 12 Arten leben in kleinen und großen Gewässern Afrikas. **Biologie:** Flösselhechte betreiben keine Brutpflege. Die Jungfische tragen ähnlich wie die Molchlarven Außenkiemen in Büscheln hinter dem Kopf, die später zurückgebildet werden. **Besonderes:** Flösselhechte können in sauerstoffarmen und heißen Sümpfen überleben, weil sie atmosphärische Luft veratmen können, wenn nicht mehr genügend Sauerstoff im Wasser ist. Wahrscheinlich vor allem wegen dieser Fähigkeit überlebten sie als »lebende Fossilien« seit der Zeit der Saurier in Afrika.

Knochenzünglerfische
Osteoglossiformes

Allgemeines: Zu den Knochenzünglern gehören mehrere erdgeschichtlich sehr alte Fischfamilien: die eigentlichen Knochenzüngler (*Osteoglossidae*), die Alt-

Ein großer Schönflossen-Flösselhecht wittert Futter.

EXTRATIPP

Nilhechte – »Fledermäuse« unter Wasser
Sie werden der Ordnung der Knochenzünglerfische zugeordnet. Nilhechte können sich mit Hilfe schwacher elektrischer Ladungen miteinander »unterhalten« und auch nachts oder im Trüben die Umgebung erkunden – ganz so wie Fledermäuse mit Ultraschall orten können. Ürigens gehört auch der größte Süßwasserfisch der Erde, *Arapaima gigas*, zur Familie der Knochenzüngler.

welt-Messerfische (*Notopteridae*), Schmetterlingsfische (*Pantodontidae*) und die Nilhechte (*Mormyridae*). Außer den Nilhechten mit etwa 200 Arten sind die anderen Familien mit nur einigen wenigen Arten recht artenarm (→ Tipp, oben). **Verbreitung:** Schmetterlingsfische und Nilhechte sind auf Afrika beschränkt, die Altwelt-Messerfische leben in Afrika und Asien. Die eigentlichen Knochenzüngler kommen auf allen Kontinenten vor. **Biologie:** Einige Arten der Knochenzünglerfische betreiben Brutpflege, während sich viele Nilhechte und der Schmetterlingsfisch gar nicht um ihre Nachkommenschaft kümmern.

> **Männchen des Weiß-
stirn-Messerfisches
werden 50 cm lang.**

Messeraale
Gymnotiformes

Allgemeines: Die über 100
Arten, die sich unter anderem auf die Familien *Eigen-
manniidae* und *Apteronotidae* verteilen, leben bis auf
eine mittelamerikanische
Art in Südamerika.
Biologie: Die meisten Arten
sind spezialisierte Insektenlarvenfresser, die in sehr unterschiedlichen Biotopen
vorkommen.
Fast alle Messeraale betreiben keine Brutpflege.

Besonderes: Wie die Nilhechte können Messeraale
mit Hilfe elektrischer Orga-
ne Entladungen erzeugen,
die sie für die Kommunika-
tion untereinander und zur
Ortung benutzen.

Welse
Siluriformes

Allgemeines: Die Welse sind
mit über 2000 Arten eine
sehr artenreiche Fischord-

Ein Baby des Royal-Plecostomus (*Panaque nigrolineatus*)

nung, die mit vielen Famili-en auf allen Kontinenten vertreten ist (→ Tipp, unten). Aquaristisch bedeutsam sind besonders die südamerikanischen Harnischwelse (*Loricariidae*) und die Schwielenwelse (*Callichthyidae*). Aus Afrika sind vor allem die Fiederbartwelse (*Mochokidae*) sehr beliebt. Neben diesen artenreich in der Aquaristik vertretenen Familien werden einzelne Arten der folgenden Familien von vielen Aquarianern besonders häufig gepflegt: Kreuzwelse (*Ariidae*), Antennenwelse (*Pimelodidae*), Bratpfannenwelse (*Aspredinidae*), Echte Dornwelse (*Doradidae*), Echte Welse (*Siluridae*), Glaswelse (*Schilbeidae*), Großmaulwelse (*Chacidae*) und Haiwelse (*Pangasidae*).

Biologie: Die meisten Arten leben bodenorientiert. Sie haben sehr unterschiedliche Ökologien, so dass Welse so ziemlich alle Lebensräume und Futtersorten nutzen. Bei vielen Arten betreiben die Männchen Brutpflege, z.B. bei den meisten Harnischwelsen, während andere die Eier nach der Eiablage nicht weiter betreuen.

EXTRATIPP

Welse – oft ideale Gesellschaftsfische
Zu den Welsen gehören mit den Panzerwelsen sowohl die possierlichsten als auch beispielsweise mit den Störwelsen einige der skurrilsten Aquarienbewohner. Welse sind oft ideale Gesellschaftsfische für Bewohner des freien Wassers, weil sie von anderen Aquarienbewohnern unbesetzte Nischen am Bodengrund und Verstecke bewohnen. Beim Vergesellschaften mit Cichliden kann es zu Problemen kommen, wenn die Cichliden ihre Revieransprüche auf das gesamte Becken ausdehnen.

Buntbarsche oder Cichliden
Cichlidae

Allgemeines: Mit über 2000 Arten ist die Familie der Buntbarsche oder Cichliden die artenreichste Süßwasserfamilie, die in Südamerika, Afrika und mit sehr wenigen Arten in Asien vertreten ist. Allein in den ostafrikanischen Seen Malawi, Tanganjika und Viktoria kommen jeweils mehrere hundert Arten nur dort vor.

Biologie: Alle Arten kümmern sich intensiv um ihre Nachkommen, wobei bei einigen Arten sich beide Eltern, bei anderen aber nur ein Elternteil kümmert. Weiter unterscheidet man danach, wie und wo die Eier und Larven gepflegt werden: Maulbrüter nehmen Eier und/oder Larven ins Maul

EXTRATIPP

Familienleben
Cichliden zeigen sehr interessante Verhaltensweisen, die sie zu beliebten Studienobjekten machen. Erstaunlich ist zum Beispiel, dass diese »einfachen« Fische ein komplexes Sozialsystem aufbauen können: Einige Tanganjika-Buntbarsche leben beispielsweise in regelrechten Großfamilien, in denen die älteren Geschwister bei der Aufzucht der jüngeren helfen.

und brüten sie dort mehrere Wochen lang aus. Substratbrüter dagegen legen Eier auf einer geeigneten Unterlage (Offenbrüter) oder in einem Versteck (Versteckbrüter) ab (→ Tipp, oben).

Grundeln
Gobioidei

Allgemeines: Es gibt etwa 2000 Grundel-Arten, von denen die meisten im Meer leben. Sie bewohnen alle Meere sowie Süß- und Brackwasser aller Kontinente. Die aquaristisch wichtigen Grundeln gehören zu

Teufelsangeln nehmen ihre Jungen bei Gefahr ins Maul zurück.

> **Die Pastellgrundel bewacht ihr Gelege, das an einem Stein haftet.**

den Familien Grundeln (*Gobiidae*) und Schläfergrundeln (*Eleotridae*).

Biologie: Die meisten Arten leben bodennah und fressen verschiedene Kleintiere. Zur Laichzeit besetzen die Männchen Reviere. Sie betreiben die Brutpflege der Eier, die vom Weibchen in ein Versteck gelegt werden.

Flossenblätter
Monodactylidae

Allgemeines: Die weniger als 10 Arten dieser barschartigen Familie leben im Meer oder im Brackwasser, nur ausnahmsweise im Süßwas-

EXTRATIPP

Grundeln – ein Geheimtipp für Aquarianer
Grundeln spielen in der Aquaristik eher eine untergeordnete Rolle, obwohl ihr Artenreichtum und ihre interessanten Verhaltensweisen es wert wären, mehr beachtet zu werden. Hält man in einem größeren Becken mehrere Männchen der gleichen Art, kann man oft das Imponier- und Kampfverhalten beobachten. Damit es nicht zu ernsthaften Verletzungen kommt, müssen unbedingt viele Versteckplätze im Aquarium vorhanden sein.

Silberflossenblätter benötigen auf Dauer unbedingt Brackwasser.

schießen können. Sie betreiben keine Brutpflege.

Argusfische
Scatophagidae

Allgemeines: Die wenigen Arten dieser barschartigen Familie sind Brackwasserfische der tropischen Meere. **Biologie:** Die geselligen Argusfische legen frei schwimmende Eier ab und betreiben keine Brutpflege. Sie leben als Gruppenfische.

Schützenfische sind oftmals nur schwer zu bestimmen.

ser. Sie sind weit in den tropischen Meeren verbreitet. **Biologie:** Flossenblätter leben gruppenweise und räuberisch. Keine Brutpflege.

Schützenfische
Toxotidae

Allgemeines: Die Mitglieder der barschartigen Familie sind spezialisierte Brackwasserbewohner der Tropen. Nur wenige Arten leben permanent im Süßwasser. **Biologie:** Schützenfische jagen über und unter der Wasseroberfläche nach kleinen Fischen und Insekten. Sie sind berühmt dafür, dass sie Insekten, die über dem Wasser z.B. auf einem Halm sitzen, mit einem gezielten Wasserstrahl herunter-

EXTRATIPP

»Kotfresser«
Der wissenschaftliche Name der Argusfische **»Scatophagus«** bedeutet »Kotfresser« und bezieht sich auf das Vorkommen dieser Fische in stark verunreinigten Gewässern. Dennoch sind Argusfische im Aquarium nicht so unempfindlich, wie man daraus schließen würde. Ihre Pflegeansprüche (Brackwasser!) müssen wie bei allen anderen Fischarten genau beachtet werden.

Nanderbarsche
Nandidae

Allgemeines: Die wenigen Arten dieser erdgeschichtlich sehr alten barschartigen Fischfamilie leben in Südamerika, Afrika und Asien.
Biologie: Einige Arten, darunter auch der Blattfisch, betreiben Brutpflege: Die Männchen betreuen fürsorglich die abgelegten Eier und die schlüpfenden Larven bis zum Freischwimmen. Alle Arten sind Fischräuber, die sich an die Beute

> **Blattfische imitieren ein Falllaubblatt absolut perfekt.**

durch ihr blattartiges Tarnkleid heranpirschen können und sie mit einem Mal in ihr vorstülpbares Maul einsaugen.

Dreischwanzbarsche
Datnioididae

Allgemeines: Die wenigen Arten, die im Brackwasser und in den Flüssen Australiens leben, sind in Asien sehr beliebte Aquarienfische.

Biologie: Mit ihrem Streifenkleid sind sie hervorragend im Astwerk umgestürzter Bäume getarnt. Sie betreiben – soweit bekannt – keine Brutpflege.

> **Ein Glasbarschmänn-
> chen hat sein Balz-
> kleid angelegt.**

Glasbarsche
Ambassidae

Allgemeines: Nicht alle der wenigen Dutzend Arten bestechen durch ihr glasartiges Äußeres. Die meisten Arten leben außerhalb der Laichzeit in Schwärmen im Brackwasser oder in küsten-nahen Süßgewässern tropischer Meere. Zur Laichzeit färben sich die Männchen und besetzen Laichreviere. Keine Brutpflege.

Blaubarsche
Badidae

Allgemeines: Die kleine barschartige Fischfamilie aus dem südlichen Asien begeistert durch ihre Farbenpracht während der Balz.

Blehers Schlangen-kopffisch ist eine der klein bleibenden Arten.

Biologie: Die Männchen mancher Arten besetzen kleine Höhlen als Reviere und laichen dort mit mehreren Weibchen ab. Danach kümmern sie sich um die Eier und die noch nicht frei schwimmenden Larven.

Schlangenkopffische
Channidae

Allgemeines: Die mehreren Dutzend Arten leben sowohl in den Sümpfen, als auch in den kleinen Fließgewässern Afrikas und Asiens.
Biologie: Sie können die atmosphärische Luft mit einem besonderen Atemorgan, dem Labyrinth, veratmen (→ Tipp, unten).

Labyrinthfische
Anabantoidei

Allgemeines: Die Mitglieder dieser afrikanischen und asiatischen Fischgruppe mit über 100 Arten gehören zu den aquaristischen Highlights. Sie setzen sich aus verschiedenen Familien zusammen: Fadenfische, Makropoden, Guramis und Kampffische gehören zur Familie *Osphronemidae*, der Küssende Gurami bildet eine eigene Familie (*Helos-*

EXTRATIPP

Schlangenkopffische sind treu sorgende Eltern
Einige Arten der Schlangenkopffische betreiben eine lang währende Maulbrutpflege, an der sich beide Geschlechter beteiligen. Die Jungfische werden von den Eltern mit extra für diesen Zweck von den Weibchen erzeugten Nähreiern gefüttert. Dies ist wahrscheinlich darauf zurückzuführen, dass für die Jungfische in ihrem Biotop nicht genügend Nahrung vorhanden ist, die Eltern dagegen durch das Fressen von Insektenlarven und kleiner Fische besser über die Runden kommen.

tomatidae → Foto, unten).
Schließlich gehören die
Buschfische zur Familie der
Kletterfische (*Anabantidae*).
Siehe auch Tipp, rechts.

Salmler
Characiformes

Allgemeines: Die etwa 1500
Salmler-Arten sind in verschiedene Fischfamilien auf-
geteilt, wovon die meisten in
Südamerika und ein kleinerer Teil in Afrika vorkommen (→ Tipp, Seite 17).
Zu den Salmlern gehören
die Familien: Geradsalmler
(*Citharinidae*), Beilbauchsalmler (*Gasteropelecidae*),
Echte Afrikanische Salmler
(*Alestiidae*), Engmaulsalmler
(*Anostomidae*), Keulensalmler (*Hemiodontidae*), Salmler und Sägesalmler (*Characidae*) und die Schlanksalmler (*Lebiasinidae*).

**Küssende Guramis fres-
sen ausschließlich sehr
feines Futter.**

Karpfenfischverwandte
Cypriniformes

Allgemeines: Die etwa 2000
Arten sind bis auf Südamerika und Australien weltweit
verbreitet. Karpfenfische teilen sich in rein äußerlich
sehr unterschiedliche Fischfamilien auf, die bis auf ihre
Verwandtschaft wenig mit-
einander gemein haben.
Während z.B. frei schwim-
mende Barben und Bärblin-
ge in die Familie *Cyprinidae*
gehören, werden die meisten
bodengebundenen Arten in
die Verwandtschaft verschiedener schmerlenähnlicher

> **Ziersalmler finden bei Beunruhigung zu einem Schwarm zusammen.**

Familien eingeordnet: Schmerlen und Plattschmerlen (*Balitoridae*), *Cobitidae* und die Saugschmerlen (*Gyrinocheilidae*). Der Chinesische Sauger gehört zu den Saugern (*Catostomidae*). Bis auf die Bärblinge sind die meisten aquaristisch wichtigen Karpfenfische bei der Futtersuche bodenorientiert und ernähren sich von pflanzlichen und tierischen Bodenorganismen.

Bärblinge erhaschen dagegen Kleinkrebse und Insekten im offenen Wasser. Die meisten Arten leben gesellig

EXTRATIPP

Die Lebensweise der Salmler

Die meisten Salmler-Arten sind kleine Schwarmfische, die in den verschiedensten Gewässertypen vorkommen und kleine Futterorganismen fressen. Daneben gibt es eine Reihe von Nahrungsspezialisten. Bis auf wenige Ausnahmen (Piranhas, Weitzmans Raubsalmler) betreiben Salmler keine Brutpflege. Salmler lassen sich gut mit Zwergbuntbarschen, Welsen und anderen Salmlern vergesellschaften. Von den meisten Arten sollte man eine kleine Gruppe (etwa 6 Tiere) pflegen.

oder im Schwarm und betreiben keine Brutpflege. Einzelne Arten gründen Reviere, die sie gegen Konkurrenten verteidigen.

Ährenfischverwandte
Atheriniformes

Allgemeines: Ährenfischverwandte kommen in küstennahen Gewässern auf der ganzen Welt vor. In einigen Regionen, z.B. in Australien und auf Madagaskar, haben sich eigene Familien herausgebildet, die echte Süßwasserfische sind. Zu den aquaristisch bedeutenden Ährenfischverwandten gehören die Familien der Madagaskar-Ährenfische (*Bedotiidae*), der Regenbogenfische (*Melanotaeniidae*), der Sulawesi-Ährenfische (*Telmatherinidae*) und der Blauaugen (*Pseudomugilidae*).
Biologie: Fast alle Arten sind kleintierfressende Schwarmfische aus Bächen

und Seen, wobei die Männchen während der Balz kurzfristig territorial werden können. Keine Brutpflege.

Halbschnabelhechte
Hemiramphidae

Allgemeines: Die aquaristisch wichtigen Arten der Halbschnabelhechte (insgesamt etwa 150 Arten) leben fast immer nahe der Oberfläche in Bächen, Küstengewässern und Seen Südostasiens. Sie fressen dort Insekten, die auf die Wasseroberfläche fallen. Zeitweise können die Männchen sehr aggressiv untereinander werden. Die meisten Arten sind lebend gebärend und bringen eine kleine Anzahl von Jungfischen zur Welt.

Zahnkarpfen
Cyprinodontiformes

Allgemeines: Zu den Zahnkarpfen gehören viele sehr beliebte Aquarienfische. Die mit über 1000 Arten sehr artenreiche Gruppe ist bis auf Australien auf allen Kontinenten vertreten. Es

Regenbogenfische zeigen ihre prächtigsten Farben in der Frühsonne.

EXTRATIPP

Zahnkarpfen – perfekte Überlebenskünstler
Die Weibchen der Lebendgebärenden Zahnkarpfen werden innerlich befruchtet, wozu die Männchen eine besonders umgebildete Afterflosse (Gonopodium) entwickelt haben. Die Eier vieler Eier legender Zahnkarpfen können das Austrocknen ihrer Heimatgewässer im Bodengrund vergraben überleben. Die Eltern dagegen sterben. Die Jungfische schlüpfen dann, sobald das Gewässer durch neuen Regen aufgefüllt wird.

handelt sich durchweg um klein bleibende Fischarten, die in recht unterschiedlichen Familien zusammengefasst sind. Die bekanntesten Eier legenden Zahnkarpfen sind die Killifische der Familie *Aplocheilidae*. Zu den Killifischen gehören die Prachtgrundkärpflinge, Prachtkärpflinge und Hechtlinge. Manche zählen auch die (Eier legenden) Leuchtaugenfische zu den Killifischen, die allerdings verwandtschaftlich zusammen mit den Lebendgebärenden Zahnkarpfen in die Familie *Poeciliidae* gehören. Eine eigene Familie bilden die Hochlandkärpflinge (*Goodeidae*) Mittelamerikas, die auch lebend gebärend sind (→ Tipp, oben).

> **Süßwasserflundern brauchen unbedingt sandigen Bodengrund.**

Biologie: Die meisten Arten sind hoch spezialisierte Schnecken- oder Fischräuber, die mit ihren schnabelartigen Zähnen fest zubeißen können. Einige Arten betreiben Brutpflege.

> **Kugelfische können sich bei Gefahr mit Wasser aufblasen.**

Schollen
Achiridae

Allgemeines: Die Familie der Schollen gehört zusammen mit den Seezungen zur Gruppe der Plattfische, deren meiste Arten in allen Meeren und im Brackwasser leben (→ Tipp, rechts). Es gibt nur wenige Süßwasserfische, die selten in der Aquaristik zu finden sind.

Kugelfische
Tetraodontidae

Allgemeines: Kugelfische sind fast weltweit in allen Meeren verbreitet. Auf allen tropischen Kontinenten außer Australien sind einige Arten zu echten Süßwasserfischen geworden.

Seenadeln
Syngnathidae

Allgemeines: Süßwassernadeln gehören in die Familie der Seenadeln (über hundert Arten).

EXTRATIPP

Gut getarnt
Die meisten Süßwasserflundern sind kleine Räuber, die Insektenlarven oder Jungfische jagen. Wie alle Plattfische haben sie sich im Laufe ihrer Entwicklung »auf die Seite« gelegt. Die eine Körperseite ist blass und augenlos, die andere besitzt beide Augen. Schollen leben als Sand- und Schlammbewohner und sind hervorragend getarnt. Sie betreiben keine Brutpflege.

**Augenfleckstachelaale
sind neugierige Fische,
die Verstecke brauchen.**

Biologie: Süßwassernadeln leben weltweit in Bächen und Flüssen küstennaher Gewässer und fressen dort Kleintiere und Jungfische. Die Eier der Weibchen werden in spezielle Bruttaschen der Männchen überführt und dort ausgebrütet.

Stachelaale

Mastacembelidae

Allgemeines: Die in Asien und Afrika verbreiteten Stachelaale (etwa 100 Arten) sind bodenbewohnende Insektenlarven- oder auch Fischräuber.

Biologie: Die meisten Stachelaale sind nachtaktiv und graben sich sehr gern in den Bodengrund ein. Manche Arten schaffen sich sogar regelrechte Wohnröhren. Mindestens eine Art betreibt Brutpflege. Allerdings ist bisher nur ausgesprochen wenig über das Fortpflanzungsverhalten von Stachelaalen bekannt.

Fische im Porträt

Die 300 beliebtesten Zierfischar-
ten für das Süßwasseraquarium
nach deutschen Namen geordnet
und einzeln porträtiert: mit Kennzeichen, Pflegebedingungen und
Vergesellschaftungstipps.

Erläuterung der Porträts

Deutscher Name: Die gängigste deutsche Bezeichnung.
Lateinischer Name: Jede wissenschaftlich beschriebene Tierart besitzt einen lateinischen Namen, der *kursiv* geschrieben ist. Er besteht aus zwei Teilen: Der erste gibt den Gattungsnamen wieder und wird großgeschrieben, der zweite gibt den Artnamen wieder und wird kleingeschrieben.
»auch«: Weitere gängige deutsche Namen oder der nicht korrekte lateinische Name, der häufig fälschlicherweise benutzt wird.
Kennzeichen: Länge ausgewachsener Tiere in cm und Hinweise auf von außen erkennbare Geschlechtsunterschiede erwachsener und sexuell aktiver Tiere.
Becken/Wasser:
➤ Becken: Mindestbeckengröße (Länge x Breite x Höhe) für ausgewachsene Tiere in cm. Wenn Sie Jungfische kaufen, reicht oft ein kleineres Becken aus. Dennoch müssen Sie beim Kauf des Jungtieres die erreichbare Endgröße bedenken. Fische, die ihre Endgröße im Aquarium nicht errei-

chen, werden nicht artgerecht gepflegt. Das gilt auch, obwohl in der Aquaristik immer wieder behauptet wird, die Endgröße der Fische passe sich dem Becken an. Das stimmt zwar manchmal, ist aber das Ergebnis von schlechten Pflegebedingungen!
➤ Wassertyp: Für jede Art wird der Bereich aus 7 chemischen »Wassertypen« angegeben, in dem die Art gepflegt werden kann. Die verschiedenen Wassertypen ergeben sich aus der Karbonathärte (in °dKH) und dem Säuregehalt (pH-Wert) des Wassers. Über Bedeutung, Messung und Anpassung der Wasserwerte informiert die Fachliteratur.
Die 7 Typen sind:
Wassertyp 1:
pH 4,5-6,5, °dKH 0-3
Wassertyp 2:
pH 5,5-6,8, °dKH 3-8
Wassertyp 3:
pH 6,8-7,5, °dKH 3-8
Wassertyp 4:
pH 6,8-7,5, °dKH 8-16
Wassertyp 5:
pH 7,2-8,5, °dKH >12
Wassertyp 6:
pH 8,0-9,5, °dKH >12
Wassertyp 7:
pH >8, °dKH >12 mit 2 bis 3 Teelöffeln Meersalz pro 10 l Wasser.

Haltung: Angaben für eine artgerechte Pflege im Aquarium, zu Temperament und Geselligkeit der Fischart sowie Einrichtungs- und Fütterungshinweise.

Lebensweise: Informationen über das natürliche Biotop, die Verbreitung, natürliche Ernährung und das Verhalten der Art.

Vergesellschaftung: Beispiele dafür, mit welchen anderen Arten der vorgestellte Fisch vergesellschaftet werden kann. Wünschen Sie andere Vergesellschaftungen, müssen Sie darauf achten, dass Temperament und

Der Schabrackenpanzerwels ist mit 12 cm die größte Panzerwelsart.

Pflegebedingungen passen.

Ähnliche Art: Hinweise auf nahe verwandte und ähnlich zu pflegende Arten mit Angaben zur Endgröße, die gegebenenfalls auf eine andere Beckengröße für eine artgerechte Pflege hindeutet.

Farbige Griffmarken: Die Literangaben (l) errechnen sich grob aus den Angaben der Beckengröße. Das Symbol 🐟 weist darauf hin, dass sich die Art durch besondere Pflegebedingungen auszeichnet.

Afrikanischer Rotaugensalmler
Arnoldichthys spilopterus
auch: Afrikanischer Großschuppensalmler
Familie: Echte Afrikanische Salmler *Alestiidae* (→ Seite 16).
Kennzeichen: 8 cm, Männchen mit bunterer Afterflosse.
Becken/ Wasser: 120x40x50 cm, Wassertyp 2-4, 24-28 °C.

250 l

Haltung: Mindestens 6 Tiere in Becken mit viel freiem Schwimmraum, ansonsten sparsam eingerichtet, halten. Strömung. Allesfresser (vor allem Mückenlarven, Insekten).
Lebensweise: Lebhafter Schwarmfisch des freien Wassers in Bächen und kleinen Flüssen des Nigerdeltas in Nigeria.
Vergesellschaftung: Westafrikanische Buntbarsche (z.B. *Pelvicachromis*-Arten), Fiederbartwelse (*Synodontis*-Arten), Schwalbenschwanz-Schwimmwelse (*Pareutropius*-Arten).

Afrikanischer Schmetterlingsbuntbarsch
Anomalochromis thomasi
auch: *Pelmatochromis thomasi*
Familie: Buntbarsche, Cichliden *Cichlidae* (→ Seite 10).
Kennzeichen: 8 cm, Weibchen etwas kleiner und rundlicher.
Becken/Wasser: 80x35x40 cm, Wassertyp 2-4, 24-28 °C.

100 l

Haltung: Ruhige, zurückhaltende Art für nicht zu helle, teilweise dicht bepflanzte Aquarien. Fütterung mit allen gängigen Futtersorten. Paarweise in kleineren Aquarien.
Lebensweise: Häufige Art kleinerer, meist klarer Regenwald- und Savannenbäche Liberias und Sierra Leones. Paarbildender Offenbrüter.
Vergesellschaftung: Mit westafrikanischen Salmlern (z.B. *Brycinus longipinnis*) und Hechtlingen (*Epiplatys*).

Afrikanischer Schmetterlingsfisch *Pantodon buchholzi*
Familie: Schmetterlingsfische *Pantodontidae* (→ Seite 7).
Kennzeichen: 12 cm, Männchen mit konkaver Afterflosse.
Becken/Wasser: 100x40x40 cm, Wassertyp 2-5, 27-30 °C.

150 l

Haltung: Einzeln oder gruppenweise in Aquarien mit mindestens 10 cm Abstand zwischen Wasseroberfläche und Deckscheibe. Wasserstand ab 10 cm. Fütterung mit Insekten (Heimchen, Fliegen etc), kleinen Fischen und schwarzen Mückenlarven. Trockenfutter wird gar nicht oder nur widerwillig angenommen. Einige Schwimmpflanzen.
Lebensweise: Oberflächenfisch langsam fließender Regenwaldbäche und -sümpfe West- und Zentralafrikas.
Vergesellschaftung: Mit zentralafrikanischen Arten der unteren Beckenbereiche, z.B. Fiederbartwelsen.

Agassiz' Zwergbuntbarsch *Apistogramma agassizii*

Familie: Buntbarsche, Cichliden *Cichlidae* (→ Seite 10).
Kennzeichen: 10 cm, Männchen größer und bunter.
Becken/Wasser: 100x40x40 cm, Wassertyp 2-3, 26-28 °C.
Haltung: Dunkel eingerichtete und teilweise dicht bepflanzte Becken mit einigen kleinen Stein- oder Tonhöhlen. Ein Männchen mit mehreren Weibchen pflegen.
Lebensweise: Langsam fließende oder stehende Gewässer des amazonischen Tiefland-Regenwaldes. Hält sich dort über der Falllaubschicht auf. Haremsbildender Versteckbrüter. Nimmt kleinere Futtersorten, besonders Kleinkrebse.
Vergesellschaftung: Mit oberflächennah oder in der Mittelzone des Beckens lebenden Salmlern und einer offenbrütenden Zwergcichliden-Art, z.B. *Laetacara sp.*

150 l

Ameca-Hochlandkärpfling *Ameca splendens*

auch: Flitterkärpfling
Familie: Hochlandkärpflinge *Goodeidae* (→ Seite 19).
Kennzeichen: 12 cm, Männchen mit gelbrandigem Schwanz.
Becken/Wasser: 120x40x40 cm, Wassertyp 4-6, 21-24 °C.
Haltung: Friedlicher Gruppenfisch für strömungsreiche Becken mit heller Beleuchtung und viel Schwimmraum. Lockere Randbepflanzung mit harten Pflanzen. Pflanzenkost, auch Lebend-, Frost- und Trockenfutter.
Lebensweise: Klare Fließgewässer mit felsigen Abschnitten und reichlich Pflanzenwuchs im Hochland von Mexiko.
Vergesellschaftung: Idealer Gesellschaftsfisch für kleine und mittelgroße mittelamerikanische Buntbarsche, z.B. *Cryptoheros*- und kleinere *Thorichthys*-Arten.

200 l

Angolabarbe *Barbus fasciolatus*

auch: Blaustrichbarbe, *Barbus barilioides*
Familie: Karpfenfische *Cyprinidae* (→ Seite 16).
Kennzeichen: 5 cm, Weibchen fülliger.
Becken/Wasser: 80x35x40 cm, Wassertyp 2-5, 22-26 °C.
Haltung: Als Schwarm in dunkel eingerichteten, teilweise dicht bepflanzten Becken mit leichter Strömung. Teilweise weicher Bodengrund ermöglicht es den Barben zu gründeln, ohne sich ihre empfindlichen Barteln zu verletzen.
Lebensweise: Schwarmfisch aus beschatteten Bächen der Savannenregion im südlichen Afrika (Sambia, Angola).
Vergesellschaftung: Mit kleinen bis mittelgroßen Fischen Afrikas, z.B. Rückenschwimmenden Kongowelsen, Schmetterlingsfischen oder Elefantenrüsselfischen.

100 l

Anisits' Rotflossensalmler *Aphyocharax anisitsi*

Familie: Salmler aus der Familie *Characidae* (→ Seite 16).
Kennzeichen: 5,5 cm, Männchen schlanker und farbiger.
Becken/Wasser: 80x35x40cm, Wassertyp 2-5, 22-27 °C.
Haltung: Als kleiner Schwarm in teilweise dicht bepflanzten Aquarien zur Belebung der oberen Beckenregion. Fütterung mit allen gängigen Futtersorten.
Lebensweise: Paraná-Fluss-System im südlichen Südamerika. Wahrscheinlich aus fließenden, pflanzenreichen Bächen.
Vergesellschaftung: Einfach zu pflegende Art für ein Südamerika-Gesellschaftsaquarium, z.B. mit Panzerwelsen (*Corydoras*) oder Zwergbuntbarschen (*Apistogramma*), Harnischwelsen (*Ancistrus*) und *Hyphessobrycon*-Salmlern.
Ähnliche Art: *Aphyocharax rathbuni*, 5 cm.

100 l

Ansorges Neolebias *Neolebias ansorgii*

Familie: Geradsalmler *Citharinidae* (→ Seite 16).
Kennzeichen: 3,5 cm, Weibchen blasser und fülliger.
Becken/Wasser: 60x30x30 cm, Wassertyp 1-2, 22-25 °C.
Haltung: Einige Männchen mit mehreren Weibchen in dunkel eingerichteten Becken. Verstecke in Bodennähe für die Männchen, die kleine Territorien verteidigen. Lockere Bepflanzung. Fütterung mit feinem Lebend- und Frostfutter (z.B. Artemien) und pflanzenhaltigem Trockenfutter.
Lebensweise: Gruppenfisch, der im Pflanzendickicht klarer Fließ- und Sumpfgewässer Nigerias und Kameruns lebt.
Vergesellschaftung: Nur mit kleinen, ruhigen Fischen, z.B. Killifischen (z.B. *Aphyosemion*-Arten), Hechtlingen (z.B. *Epiplatys*-Arten). Keine Zwergbuntbarsche!

50 l

Asiatischer Gabelbart *Scleropages formosus*

auch: Drachenfisch, Asiatischer Knochenzüngler
Familie: Knochenzüngler *Osteoglossidae* (→ Seite 6).
Kennzeichen: 90 cm, Geschlechter schwer unterscheidbar.
Becken/Wasser: 400x150x80 cm, Wassertyp 2-5, 27-29°C.
Haltung: Einzeln oder in Gruppen in sehr großen Aquarien mit einigen Wurzeln am Rand und viel freiem Schwimmraum. Kräftige Fütterung mit Garnelen, Fischen und Insekten (lebend, gefroren oder als Futtermischung).
Lebensweise: Räuber, der an der Oberfläche leicht fließender und stehender Gewässer Südostasiens jagt.
Vergesellschaftung: Nur mit großen ruhigen Fischen, z.B. Großwelsen, Tigerbarschen oder Großbarben.
Achtung: Geschützte Art! Nur mit CITES-Papieren!

5000 l

Astatotilapia latifasciata
auch: *»Haplochromis« sp. »Zebra-obliquidens«*
Familie: Buntbarsche, Cichliden *Cichlidae* (→ Seite 10).
Kennzeichen: 13 cm, Männchen größer und bunt.
Becken/Wasser: 120x50x50 cm, Wassertyp 4-6, 24-27 °C.
Haltung: Ein oder viele Männchen mit mehreren Weibchen zusammen in hellen Becken mit großblättrigen Pflanzen, einigen Felsen halten. Fütterung mit allen gängigen Futtersorten, besonders kleinkrebshaltiges Futter.
Lebensweise: Nur aus dem Nawampasa-See in Uganda bekannt. Gilt als in der Natur gefährdet. Nicht paarbildender Maulbrüter im weiblichen Geschlecht.
Vergesellschaftung: Mit Cichlidenarten des Viktoria-Sees, z.B. *Paralabidochromis* und *Pundamilia*-Arten.

300 l

Augenfleckstachelaal *Macrognathus siamensis*
auch: Pfauenaugenstachelaal, *Macrognathus aculeatus*
Familie: Stachelaale *Mastacembelidae* (→ Seite 21).
Kennzeichen: 30 cm, Weibchen mit dickerem Bauch.
Becken/Wasser: 120x50x50 cm, Wassertyp 2-5, 23-27 °C.
Haltung: Bepflanzte Becken mit Schwimmpflanzendecke und Verstecken. Feinkiesiger oder sandiger Boden, in den sie sich eingraben können. Fütterung mit Mückenlarven, Fischfleisch, *Artemia*. Haltung einzeln oder in Gruppen.
Lebensweise: Neugierige Fische, die langsam fließende oder stehende Gewässer Südostasiens mit weichem Bodengrund bewohnen. Nachtaktive Räuber.
Vergesellschaftung: Mit allen nicht zu kleinen asiatischen Fischarten der oberen Beckenbereiche.

300 l

Australische Wüstengrundel
Chlamydogobius eremius
Familie: Grundeln *Gobiidae* (→ Seite 11).
Kennzeichen: 6 cm, Männchen mit farbigen Flossen.
Becken/Wasser: 60x30x30 cm, Wassertyp 4-6, 2-26 °C.
Haltung: 2 Männchen mit mehreren Weibchen. Sandiger Bodengrund mit Steinen zum Ausgraben von Höhlen. Fütterung mit kleinem Lebend- und Frostfutter und algenhaltigem Trockenfutter. Nächtliches Ausschalten der Heizung entspricht der natürlichen Temperaturnachtabsenkung.
Lebensweise: Revierbildender Fisch des Eyre-Sees, der in der Wüste Zentralaustraliens gelegen ist.
Vergesellschaftung: Schwarmfische oberer Wasserschichten, z.B. mit *Marostherina* in größeren Becken.

50 l

Azurcichlide *Sciaenochromis fryeri*
auch: *Sciaenochromis ahli*
Familie: Buntbarsche, Cichliden *Cichlidae* (→ Seite 10).
Kennzeichen: 17 cm, Männchen blau, Weibchen farblos.
Becken/Wasser: 160x50x50 cm, Wassertyp 5-6, 25-27 °C.
Haltung: Ein Männchen mit mehreren Weibchen in Becken mit Sandflächen und wenigen Felsaufbauten zum Hindurchschwimmen. Nimmt alle gängigen Futtersorten.
Lebensweise: Fischfresser, der in der Übergangszone zwischen Felsen und Sand im Malawi-See vorkommt. Nicht paarbildender Maulbrüter im weiblichen Geschlecht.
Vergesellschaftung: Mit anderen nicht felsenbewohnenden Malawi-Buntbarschen, z.B. *Copadichromis* oder *Aulonocara*.
Ähnliche Art: *Otopharynx lithobates*, 15 cm.

400 l

Biotodoma cupido
Familie: Buntbarsche, Cichliden *Cichlidae* (→ Seite 10).
Kennzeichen: 13 cm, Weibchen bleiben etwas kleiner.
Becken/Wasser: 80x50x40 cm, Wassertyp 2-5, 25-28°C.
Haltung: Paarweise in kleinen Becken ab 80 cm. Besser ist es, eine Gruppe in größeren Becken zu pflegen, aus der sich dann Paare finden. Einrichtung mit großblättrigen Pflanzen, flachen Steinen und feinkiesigem Bodengrund. Fütterung mit allen kleineren Futtersorten.
Lebensweise: In verschiedenen langsam fließenden oder stehenden Gewässern Amazoniens. Die paarbildende und offenbrütende Art kommt häufig auf offenen Flächen vor.
Vergesellschaftung: Größere Becken mit *Apistogramma*, südamerikanischen Salmlern, *Ancistrus*-Harnischwelsen.

150 l

Bitterlingsbarbe *Puntius titteya*
Familie: Karpfenfische *Cyprinidae* (→ Seite 16).
Kennzeichen: 5 cm, Männchen mit intensiveren Farben.
Becken/Wasser: 60x30x30cm, Wassertyp 2-4, 23-27 °C.
Haltung: Wenige Männchen mit mehreren Weibchen in mit Cryptocorynen locker bepflanzten und dunkel gehaltenen Becken. Weicher Bodengrund. Abwechslungsreiche Fütterung mit kleinem Lebend-, Frost- und Trockenfutter.
Lebensweise: Bodennah lebende, ruhige Art aus dunklen, langsam fließenden Urwaldbächen Sri Lankas. Männchen in Balzstimmung revierbildend mit »glühenden« Farben.
Vergesellschaftung: Nur mit ruhigen Fischen der mittleren und oberen Wasserschichten, z.B. Labyrinthfischen der Gattung *Colisa* oder *Pseudosphromenus*.

50 l

Black Molly *Poecila sphenops var.*

Familie: Lebendgeb. Zahnkarpfen *Poeciliidae* (→ Seite 19).
Kennzeichen: 8-12 cm, Männchen mit Begattungsorgan.
Becken/Wasser: 80x35x40 cm, Wassertyp 5-6, 26-29 °C.
Haltung: Wärmeliebender Fisch, der gruppenweise in dicht bepflanzten Aquarien mit ausreichend Schwimmraum gehalten werden sollte. Fütterung vor allem mit Pflanzenkost, aber auch Trockenfutter. Manchmal krankheitsanfällig, dann hilft oft ein Salzzusatz (Wassertyp 7).
Lebensweise: Die Stammform ist ein quirliger Gruppenfisch des Süß- und Brackwassers Mittelamerikas.
Vergesellschaftung: Guter Gesellschaftsfisch, aber nur bei Beachtung der Wasserwerte (Temperatur, Typ).
Ähnliche Art: Stammform: Spitzmaulkärpfling, ca. 10 cm.

100 l

Blauer Antennenwels *Ancistrus sp.*

Familie: Harnischwelse *Loricariidae* (→ Seite 9).
Kennzeichen: 14 cm, Männchen mit »Antennen« am Kopf.
Becken/Wasser: 80x35x40 cm, Wassertyp 2-6, 24-29 °C.
Haltung: Paarweise Haltung in Becken mit Holzwurzeln zum Abraspeln und Wurzel- oder Tonhöhlenverstecken. Fütterung mit Grünfutter und Trockenfutter. Algenfresser.
Lebensweise: Friedlicher Algen- und Aufwuchsfresser, der ständig auch Holz als Ballaststofflieferant abraspelt. Genaue Herkunft und Bestimmung dieses beliebtesten Algenfressers in der Aquaristik noch immer unbekannt.
Vergesellschaftung: Idealer Gesellschafter für fast alle Aquarienfische außer evtl. kleinen Zwergbuntbarschen.
Ähnliche Art: *Ancistrus claro*, 10 cm.

100 l

Blauer Fadenfisch *Trichogaster trichopterus*

Familie: Fadenfische, Familie *Osphronemidae* (→ Seite 15).
Kennzeichen: 12 cm, Weibchen kleiner mit runden Flossen.
Becken/Wasser: 100x40x40 cm, Wassertyp 2-6, 22-27 °C.
Haltung: Mit Schwimmpflanzen, lockerer Randbepflanzung und Wurzeln strukturreich eingerichtete Aquarien. Fütterung mit qualitativ hochwertigem Flockenfutter (Grünflocken), verschiedenem Lebend- und Frostfutter. Für 1-m-Becken nur ein Paar einsetzen.
Lebensweise: Meist in stehenden, oft trüben Gewässern Indonesiens und Malaysias. Oft auch in Reisfeldern.
Vergesellschaftung: Mit asiatischen Bodenfischen (Schmerlen, Welse) und ruhigen Barben und Bärblingen.
Ähnliche Art: Verschiedene Zuchtformen, alle etwa 12 cm.

150 l

Blauer Kongocichlide *Nanochromis parilus*
auch: *Nanochromis nudiceps*
Familie: Buntbarsche, Cichliden *Cichlidae* (→ Seite 10).
Kennzeichen: 7 cm, Weibchen mit glänzender Rückenflosse.
Becken/Wasser: 80x35x40 cm, Wassertyp 3-4, 24-27 °C.
Haltung: Paarweise Haltung in Aquarien mit Sand und sehr vielen Versteckplätzen für die Weibchen. Strömung. Nimmt alle gängigen Futtersorten, vor allem Insektenlarven.
Lebensweise: Lebt in Stromschnellen des unteren Kongo, wo die Art die weniger stark durchströmten Bereiche bewohnt. Frisst Insektenlarven. Paarbildender Versteckbrüter.
Vergesellschaftung: In größeren Becken mit anderen Cichliden der Stromschnellen des Kongo, z.B einem Paar *Teleogramma* oder Buckelkopfcichliden (*Steatocranus*).

100 l

Blauer Kongosalmler *Phenacogrammus interruptus*
Familie: Echte Afrikanische Salmler *Alestiidae* (→ Seite 16).
Kennzeichen: 9 cm, ausgewachsene Männchen mit intensiveren Farben und lang ausgezogenen Flossen.
Becken/Wasser: 120x50x50 cm, Wassertyp 2-4, 23-27 °C.
Haltung: Mindestens 6 Fische in hellen Becken mit freiem Schwimmraum pflegen. Kräftiges Lebend- und Frostfutter (Mückenlarven, Insekten), auch Trockenfutter. Strömung.
Lebensweise: Lebhafter Schwarmfisch der kleineren und größeren Klarwasserbäche des Kongobeckens. Lebt hauptsächlich von Anflug (Insekten).
Vergesellschaftung: Zwergbuntbarsche (z.B. *Nanochromis*- oder *Teleogramma*-Arten) und Fiederbartwelse (z.B. *Synodontis schoutedeni*) des Kongobeckens.

300 l

Blauer Neon *Paracheirodon simulans*
Familie: Salmler aus der Familie *Characidae* (→ Seite 16).
Kennzeichen: 3,5 cm, Weibchen fülliger. Unterscheidet sich vom Roten Neon durch weniger stark voneinander abgegrenzte rote und weiße Bereiche der Bauchregion.
Becken/Wasser: 60x30x30 cm, Wassertyp 1-3, 25-28 °C.
Haltung: In dunklen Becken mit reichlich Pflanzenwuchs. Fütterung mit feinem Lebend-, Frost- und Trockenfutter. Mindestens 15-20 Tiere zusammen halten.
Lebensweise: Bisher nur in vergleichsweise warmen, klaren Bachbereichen, die teichartig erweitert waren, nachgewiesen. Im oberen Rio Negro in Brasilien.
Vergesellschaftung: Am besten nur mit zarten Fischen, z.B. Zwergziersalmlern und kleinen Panzerwelsen.

50 l

Blauer Perusalmler *Boehlkea fredcochui*

Familie: Salmler aus der Familie *Characidae* (→ Seite 16).
Kennzeichen: Etwa 5 cm, Weibchen fülliger.
Becken/Wasser: 80x35x40 cm, Wassertyp 2-5, 23-26 °C.
Haltung: Einen Schwarm von etwa 10 Tieren in nicht allzu grell beleuchtete Becken mit dunkler Einrichtung, lockerer Bepflanzung und starker Strömung pflegen. Fütterung mit allen kleineren Futtersorten.
Lebensweise: Schwimmfreudiger und strömungsliebender Schwarmfisch aus klaren Bächen des Amazonas (Peru).
Vergesellschaftung: Mit allen kleineren bis mittelgroßen Fischarten, die sich nicht durch die hektische Art belästigt fühlen, z.B. mit Panzerwelsen und Harnischwelsen, aber auch robusten Zwergbuntbarschen (z.B. *Apistogramma*).

100 l

Blauer Prachtkärpfling *Fundulopanchax sjoestedti*

auch: *Aphyosemion sjoestedti*
Familie: Prachtkärpflinge der *Aplocheilidae* (→ Seite 18).
Kennzeichen: 9-14 cm, Männchen wesentlich bunter.
Becken/Wasser: 80x30x30 cm, Wassertyp 2-4, 23-27 °C.
Haltung: Ein Männchen mit mehreren Weibchen in dunklen, teilweise dicht bepflanzten Becken. Aus Wurzeln Rückzugsmöglichkeiten für die oft heftig umworbenen Weibchen schaffen. Fütterung mit kräftigem Lebendfutter.
Lebensweise: Sumpfige, jahreszeitlich bedingt teilweise austrocknende Gewässer der Küstenniederung Westkameruns. Nur die Eier überdauern im trockengefallenen Gewässerboden bis zur nächsten Regenzeit (»Saisonfisch«).
Vergesellschaftung: Am besten für sich halten.

100 l

Blaupunkt-Buntbarsche *»Aequidens« cf. pulcher*

auch: *»Aequidens« latifrons*
Familie: Buntbarsche, Cichliden *Cichlidae* (→ Seite 10).
Kennzeichen: 16 cm, Weibchen bleiben etwas kleiner.
Becken/Wasser: 120x50x50 cm, Wassertyp 2-5, 24-28 °C.
Haltung: Unproblematische Art, die – paarweise gehalten – außer ein paar Unterständen und einer abwechslungsreichen Fütterung mit allen gängigen Futtersorten keine großen Ansprüche stellt.
Lebensweise: Flüsse, Gräben und Überschwemmungsbereiche im nördlichen Südamerika. Paarbildender Offenbrüter.
Vergesellschaftung: Harnischwelse und größere Salmler.
Ähnliche Arten: Es gibt verschiedene Arten von Blaupunkt-Buntbarschen, die sich sehr ähnlich sind.

300 l

Blauroter Kolumbiensalmler
Hyphessobrycon columbianus
auch fälschlich: »*Hyphessobrycon ecuadoriensis*«
Familie: Salmler aus der Familie *Characidae* (→ Seite 16).
Kennzeichen: 4,5 cm, Weibchen hochrückiger und fülliger.
Becken/Wasser: 60x30x30 cm, Wassertyp 3-4, 24-28 °C.
Haltung: Dicht bepflanzte, dunkel gehaltene Becken. Mindestens 6-8 Fische pflegen. Fütterung mit feinem Lebend-, Frost- oder Trockenfutter.
Lebensweise: Einziger Fundort ist ein kleiner Bach im Darién-Urwald Kolumbiens. Die Salmler waren im flachen Wasser an schattigen Stellen mit Falllaub zu finden.
Vergesellschaftung: Mit anderen kleinen südamerikanischen Salmlern, Panzerwelsen oder Zwergbuntbarschen.

50 l

Blehers Regenbogenfisch *Chilatherina bleheri*
Familie: Regenbogenfische *Melanotaeniidae* (→ Seite 18).
Kennzeichen: 14 cm, Männchen bunter, einzelne Männchen können oft recht unterschiedlich gefärbt sein.
Becken/Wasser: 150x50x50 cm, Wassertyp 4-6, 25-28 °C.
Haltung: Helle, idealerweise sonnige Becken mit lockerer Randbepflanzung und viel freiem Schwimmraum. Fütterung mit allen kleineren bis mittleren Futtersorten.
Lebensweise: Schwarmfisch aus den pflanzenreichen Uferregionen des Bira-Sees in Neuguinea. Männchen balzen in den schönsten Farben in den Morgenstunden.
Vergesellschaftung: Größere Grundeln, aber auch Barben, Salmler, friedliche Buntbarsche und Welse.
Ähnliche Art: *Chilatherina fasicata*, 14 cm.

350 l

Blehers Rotkopfsalmler *Hemigrammus bleheri*
Familie: Salmler aus der Familie *Characidae* (→ Seite 16).
Kennzeichen: 4,5 cm, Weibchen fülliger.
Becken/Wasser: 80x35x40 cm, Wassertyp 1-3, 22-26 °C.
Haltung: Bei Beachtung der nötigen Wasserwerte (!) und Schwarmhaltung (mindestens 10 Tiere) ausdauernder Aquarienfisch für locker bepflanzte und dunkel eingerichtete Becken mit leichter Strömung. Fütterung mit allen gängigen kleinen Futtersorten.
Lebensweise: Ausgesprochen lebhafter Schwarmfisch der Klar- und Schwarzwasserbäche des Rio Negro in Amazonien.
Vergesellschaftung: In größeren Becken ab 100 cm idealer Gesellschaftsfisch für Zwergbuntbarsche und Diskusfische.
Ähnliche Art: *Hemigrammus rhodostomus*, 5 cm.

150 l

Blehers Schlangenkopffisch *Channa bleheri*

auch: Regenbogen-Schlangenkopf
Familie: Schlangenkopffische *Channidae* (→ Seite 15).
Kennzeichen: 15 cm, Weibchen kleiner und fülliger.
Becken/Wasser: 100x40x40 cm, Wassertyp 3-6, 23-25 °C.
Haltung: Paarweise Haltung in locker bepflanzten Becken.
Jedes Tier braucht sein eigenes Versteck in Form einer
geräumigen Höhle. Die zurückhaltende Art füttert man
gezielt mit verschiedenen kräftigen Frostfutter-Sorten,
Insekten, Fischfleischstückchen und Regenwürmern.
Lebensweise: Aus Bächen im Nordosten Indiens, wo die
Art wahrscheinlich Insekten, manchmal kleine Fische frisst.
Vergesellschaftung: Am besten bleibt die Art unter sich.
Ähnliche Art: *Channa orientalis,* 15 cm.

100 l

Blinder Höhlensalmler *Astyanax mexicanus*

auch: *Anoptichthys jordani, Astyanax fasciatus*
Familie: Salmler aus der Familie *Characidae* (→ Seite 16).
Kennzeichen: 9 cm, Weibchen gedrungener und dicker.
Blind wegen zurückgebildeter Augen und unpigmentiert.
Becken/Wasser: 80x35x40 cm, Wassertyp 4-6, 20-25 °C.
Haltung: Freier Schwimmraum für die unermüdlichen
Schwimmer. Ansonsten Einrichtung unerheblich. Kann in
normal beleuchteten Becken gehalten werden. Fütterung
problemlos mit allen Futtersorten, auch Trockenfutter.
Lebensweise: Allesfresser aus den Höhlen Mexikos.
Vergesellschaftung: Wegen ihrer ungestümen Art nicht mit
zarten Arten vergesellschaften, aber in größeren Becken gut
mit Cichliden der Gattung *Cryptoheros.*

100 l

Blutsalmler *Hyphessobrycon eques*

auch: *Hyphessobrycon callistus, Hyphessobrycon serpae*
Familie: Salmler aus der Familie *Characidae* (→ Seite 16).
Kennzeichen: 4,5 cm, Weibchen etwas blasser und fülliger.
Becken/Wasser: 60x30x30 cm, Wassertyp 1-5, 24-28 °C.
Haltung: Kleinen Schwarm mit mehreren Weibchen und
Männchen in gut bepflanzten, dunkel gehaltenen Becken
mit ausreichend Schwimmraum pflegen. Torffilterung emp-
fehlenswert. Fütterung mit kleineren Futtersorten.
Lebensweise: Gruppenfisch ruhiger, oft pflanzenreicher
Gewässerbereiche Amazoniens. Oft im Schwarzwasser.
Vergesellschaftung: Panzerwelse (*Corydoras*), Beilbauch-
salmler (z.B. *Carnegiella strigata*), in größeren Becken
Zwergbuntbarsche (z.B. *Apistogramma agassizii*).

50 l

Boesemans Regenbogenfisch
Melanotaenia boesemani
auch: Ajamaru-Regenbogenfisch
Familie: Regenbogenfische *Melanotaeniidae* (→ Seite 18).
Kennzeichen: 14 cm, Männchen bunter.
Becken/Wasser: 120x50x50 cm, Wassertyp 4-6, 25-28 °C.

300 l

Haltung: Schwarmfisch für große, helle Becken mit lockerer Randbepflanzung und viel freiem Schwimmraum. Fütterung mit allen kleineren bis mittleren Futtersorten.
Lebensweise: Schwarmfisch der pflanzenreichen Uferregion der Gewässer der Ayamaru-Seenplatte auf Neuguinea.
Vergesellschaftung: Guter Gesellschaftsfisch für nicht zu kleine Arten, z.B. auch Tanganjika-Buntbarsche.
Ähnliche Art: *M. lacustris*, 12 cm (aber bei 20-25 °C halten).

Bolivianischer Schmetterlingsbuntbarsch
Mikrogeophagus altispinosus
auch: *Papiliochromis altispinosus*
Familie: Buntbarsche, Cichliden *Cichlidae* (→ Seite 10).
Kennzeichen: 8 cm, Männchen mit längeren Flossen.
Becken/Wasser: 100x40x40 cm, Wassertyp 2-4, 26-29 °C.

150 l

Haltung: Paarweise Haltung in locker bis dicht bepflanzten Becken mit Strukturen aus Wurzelholz und einigen flachen Steinen. Fütterung mit allen gängigen Futtersorten, besonders mit Lebendfutter: Kleinkrebse, Mückenlarven.
Lebensweise: Ruhige Uferbereiche größerer Fließgewässer und Bäche in Nordbolivien. Paarbildender Offenbrüter.
Vergesellschaftung: Mit südamerikanischen Salmlern oder versteckbrütenden Zwergbuntbarschen, z.B. A*pistogramma*.

Brachsensalmler *Abramites hypselonotus*
Familie: Engmaulsalmler *Anostomidae* (→ Seite 16).
Kennzeichen: 14 cm, Geschlechtsunterschiede unbekannt.
Becken/Wasser: 160x60x60 cm, Wassertyp 2-5, 25-28 °C.

500 l

Haltung: Einzelne Tiere werden oft aggressiv gegen andere Fische, daher mindestens 5 Tiere in einem mit vielen Wurzeln eingerichteten, dunklen Aquarium pflegen. Braucht Grünfutter, auch Trockenfutter auf pflanzlicher Basis.
Lebensweise: Pflanzen fressender und teilweise revierbildender Salmler weiter Teile Amazoniens, Südamerika. Steht gern zwischen Totholz.
Vergesellschaftung: Guter Gesellschaftsfisch für südamerikanische Großcichliden und Harnischwelse.
Ähnliche Art: *Abramites solarii*, 12 cm.

Bratpfannenwels *Dysichthys coracoideus*
auch: *Bunocephalus bicolor*
Familie: Bratpfannenwelse *Aspredinidae* (→ Seite 9).
Kennzeichen: 12 cm, Weibchen fülliger.
Becken/Wasser: 60x30x30 cm, Wassertyp 2-5, 25-28 °C.
Haltung: Verhältnismäßig kleine Becken reichen für die trägen Tiere aus. Sandboden oder Laubblätter als Bodengrund wichtig, da sie sich dort gern eingraben. Ernährung mit Wurmfutter und kleinem Lebendfutter.
Lebensweise: Laubschicht oder Sand in amazonischen ruhigen Gewässern. Häuten sich von Zeit zu Zeit.
Vergesellschaftung: Nur mit mittelgroßen Fischen der mittleren Beckenregionen, kleine werden evtl. gefressen.
Ähnliche Art: *Dysichthys knerii*, 15 cm.

50 l

Brauner Messerfisch *Xenomystus nigri*
Familie: Altwelt-Messerfische *Notopteridae* (→ Seite 6).
Kennzeichen: 23 cm, Weibchen mit dickerem Bauch.
Becken/Wasser: 160x60x60cm, Wassertyp 2-5, 26-29 °C.
Haltung: Einzeln oder in Gruppenhaltung (ab 5 Fische) in dunklen großen Becken mit vielen Versteckplätzen unter Wurzeln oder in Bambusröhren. Die nachtaktiven Fische mit kräftigem Lebend- und Frostfutter (Insekten und -larven, Garnelen), aber auch mit Futtertabletten füttern.
Lebensweise: Nachtaktiver Insekten- und Garnelenjäger verschiedener Habitate West- und Zentralafrikas.
Vergesellschaftung: Mit größeren Fischen der westafrikanischen Region: Flösselhechte, Schmetterlingsfische, Salmler. Kleine Fische werden gefressen.

500 l

Brillantsalmler *Moenkhausia pittieri*
Familie: Salmler der Familie *Characidae* (→ Seite 16).
Kennzeichen: 6 cm, Männchen langflossiger und bunter.
Becken/Wasser: 100x50x50 cm, Wassertyp 2-4, 24-28 °C.
Haltung: Becken mit Schwimmpflanzendecke und gedämpftem Licht. Lockere Bepflanzung und einige Wurzeln vervollständigen die Einrichtung. Die schönen Farben entwickeln sich nur in weicherem Wasser. Fütterung mit allen gängigen Futtersorten, auch Trockenfutter.
Lebensweise: Über den Lebensraum in der Umgebung des Lago de Valencia in Venezuela ist wenig bekannt.
Vergesellschaftung: Prächtige Art für ein Gesellschaftsbecken mit anspruchsvollen Arten (Wasserwerte!), z.B. mit Hohen Skalaren oder Diskusfischen.

250 l

Brokatbarbe *Puntius semifasciolatus »schuberti«*

Familie: Karpfenfische *Cyprinidae* (→ Seite 16).
Kennzeichen: 7 cm, Weibchen fülliger. Zuchtform.
Becken/Wasser: 80x35x40 cm, Wassertyp 2-6, 20-24 °C.
Haltung: Locker bepflanzte, gut beleuchtete Becken mit ausreichend Schwimmraum. Zumindest teilweise weicher Bodengrund zum Gründeln. Anspruchslos in der Fütterung.
Lebensweise: Lebhafter Gruppenfisch (mindestens 6 Tiere halten) der Bodenregion, der keinen natürlichen Lebensraum hat, da es sich um eine Zuchtform handelt.
Vergesellschaftung: Gut mit anderen lebhaften Fischen zu vergesellschaften, die kühlere Temperaturen bevorzugen, z.B. mit Prachtbarben oder Ritterkärpflingen.
Ähnliche Art: Messingbarbe, *P. semifasciolatus*, 7 cm.

100 l

Buckelkärpfling *Limia nigrofasciata*

auch: Schwarzbandkärpfling
Familie: Lebendgeb. Zahnkarpfen *Poeciliidae* (→ Seite 19)
Kennzeichen: 7 cm, Männchen mit Begattungsorgan. Alte Männchen bekommen einen starken Buckel.
Becken/Wasser: 80x35x40 cm, Wassertyp 5-6, 24-27 °C.
Haltung: Gruppenfisch für sonnendurchflutete Hartwasserbecken mit lockerer bis dichter Randbepflanzung und viel freiem Schwimmraum. Fütterung mit algenhaltigem Trockenfutter. Guter Algenfresser auch im Aquarium.
Lebensweise: In großen Schwärmen über einer Vielfalt von Bodentypen der Gewässer Haitis. Algenfresser.
Vergesellschaftung: Nur mit anderen Hartwasserfischen, z.B. kleineren mittelamerikanischen Buntbarschen.

100 l

Buckelkopfcichlide *Steatocranus casuarius*

Familie: Buntbarsche, Cichliden *Cichlidae* (→ Seite 10).
Kennzeichen: 14 cm, Männchen werden größer, entwickeln einen größeren Kopfbuckel und haben ein breiteres Maul.
Becken/Wasser: 100x40x40 cm, Wassertyp 3-6, 24-28 °C.
Haltung: Paarweise in Becken mit Strömung und einigen Höhlen, die die Fische grabend erweitern können. Futter: ballaststoffreiches Trocken- und Frostfutter.
Lebensweise: Bodenbewohnender Fisch der Stromschnellen des unteren Kongo. Ernährt sich hauptsächlich von Algen. Paarbildender Versteckbrüter.
Vergesellschaftung: Mit anderen kongolesischen Fischen des offenen Wassers, z.B. Kongosalmlern. In großen Becken auch mit weiteren Cichliden, z.B. Quappenbuntbarschen.

150 l

Celebes-Halbschnäbler *Nomorhamphus liemi*
Familie: Halbschnabelhechte *Hemirhamphidae* (→ Seite 18).
Kennzeichen: 9 cm, Männchen farbiger, schwarzes Kinn.
Becken/Wasser: 100x40x40 cm, Wassertyp 3-5, 20-24 °C.
Haltung: Lang gestreckte strömungsreiche Becken mit Kieselsteinen und Unterständen. Randbepflanzung in strömungsarmen Beckenbereichen. Ein Männchen mit mehreren Weibchen. Kräftiges Lebendfutter (junge Heimchen, Jungfische anderer Fischarten). Trockenfutter als Zusatz.
Lebensweise: Gruppenfisch, der Insekten in Bergbächen der indonesischen Insel Sulawesi jagt.
Vergesellschaftung: Mit Bergbachfischen anderer geographischer Regionen, z.B. Flossensaugern (*Gastromyzon*) oder Gebirgsharnischwelsen (*Chaetostoma*).

2500 l

Chinesischer Sauger *Myxocyprinus asiaticus*
Familie: Sauger *Catostomidae* (→ Seite 17).
Kennzeichen: 60 cm, Geschlechter schwer unterscheidbar. Jungfische viel bunter als die kontrastarmen Altfische.
Becken/Wasser: 350x80x80 cm, Wassertyp 3-6, 16-27 °C.
Haltung: Nur in sehr großen Becken mit starker Filterung und einigen Wurzeln, unter denen sich die Tiere ausruhen können. Fütterung mit Pelletfutter auf pflanzlicher Basis. Die angegebenen 350 cm sind auf Dauer nur für nicht ausgewachsene Fische geeignet. Nicht vom putzigen Aussehen der Jungfische zum Fehlkauf verleiten lassen!
Lebensweise: Die Art stammt aus dem Jangtse-Fluss in China. Wichtiger Speisefisch, wird in Teichen gezüchtet.
Vergesellschaftung: Andere asiatische »Riesenfische«.

150 l

Delfin-Buntbarsch *Cyrtocara moorii*
Familie: Buntbarsche, Cichliden *Cichlidae* (→ Seite 10).
Kennzeichen: 20 cm, Männchen mit intensiverem Blau.
Becken/Wasser: 200x60x60 cm, Wassertyp 5-6, 25-27 °C.
Haltung: Ein oder viele Männchen mit mehreren Weibchen in Becken mit viel freiem Schwimmraum über Sandflächen mit einigen Felsen im Beckenhintergrund. Fütterung mit allen gängigen Futtersorten, vor allem verschiedenem Frostfutter (z.B. ausgewachsene *Artemia*, Mückenlarven).
Lebensweise: Sand- und Schlammboden im Malawi-See. Nicht paarbildender Maulbrüter im weiblichen Geschlecht.
Vergesellschaftung: Ruhiger und imposanter Gesellschaftsfisch für Malawi-Becken mit nicht felsenbewohnenden Arten, z.B. *Copadichromis*.

700 l

Delhez' Flösselhecht *Polypterus delhezi*

Familie: Flösselhechte *Polypteridae* (→ Seite 6).
Kennzeichen: 35 cm, Männchen mit größerer Afterflosse.
Becken/Wasser: 150x50x50 cm, Wassertyp 2-6, 26-29 °C.
Haltung: Untereinander oft aggressive Art, die besser einzeln in Aquarien mit einem Unterstand (Wurzel, Bambusröhre) gehalten wird. Fütterung mit kräftigen Futtersorten, z.B. Fischfleisch, Garnelen, Pellets.
Lebensweise: Nachtaktiver bodenbewohnender Räuber sumpfiger Fluss- und Seenbereiche des Kongobeckens.
Vergesellschaftung: Mit größeren Fischen des Kongobeckens, die nicht als Futter betrachtet werden: Geradsalmler (*Distichodus*), große Fiederbartwelse (z.B. *Synodontis angelicus* und *S. decorus*).

350 l

Diamant-Zwergregenbogenfisch *Melanotaenia praecox*
auch: Neon-Regenbogenfisch

Familie: Regenbogenfische *Melanotaeniidae* (→ Seite 18).
Kennzeichen: 6 cm, Männchen mit intensiverer Färbung.
Becken/Wasser: 80x35x40 cm, Wassertyp 2-5, 23-27 °C.
Haltung: Schwarmfisch für dunkel gehaltene Becken mit leichter Strömung, kiesigem Boden und randlicher Bepflanzung. Nehmen Lebend-, Frost und Trockenfutter.
Lebensweise: Bachfisch der Urwaldbäche des Mamberano-Flusssystems auf Neuguinea. Die Hauptnahrung unter natürlichen Bedingungen dürfte aus ins Wasser gefallenen Insekten, vor allem Ameisen bestehen.
Vergesellschaftung: Mit bodenbewohnenden Bachfischen, z.B. mit Flossensaugern oder Gabelschwanz-Blauaugen.

100 l

Dicklippiger Fadenfisch *Colisa labiosa*

Familie: Fadenfische, Familie *Osphronemidae* (→ Seite 15).
Kennzeichen: 9 cm, Männchen bunter.
Becken/Wasser: 80x35x40 cm, Wassertyp 2-6, 22-28 °C.
Haltung: Paarweise in locker bepflanztem Aquarium mit wenigen Wurzeln, die bis zur Wasseroberfläche reichen, und einer Schwimmpflanzendecke. Fütterung mit hochwertigem Flockenfutter und ab und zu Lebendfutter. Keine Strömung.
Lebensweise: Bewohner ruhiger Bereiche der Flüsse und Sümpfe des südlichen Myanmar (Birma). Ernährt sich wahrscheinlich von Insektenlarven und Kleintieren.
Vergesellschaftung: Mit nicht zu hektischen Fischen der unteren Beckenbereiche, z.B. Schmerlen. kleine Barben.
Ähnliche Art: Gestreifter Fadenfisch, *C. fasciata*, 12 cm.

100 l

Diskus *Symphysodon aequifasciatus*

auch: Diskusfisch, *Symphysodon aequifasciata*
Familie: Buntbarsche, Cichliden *Cichlidae* (→ Seite 16).
Kennzeichen: 18 cm, Geschlechter schwer unterscheidbar.
Becken/Wasser: 100x50x50 cm, Wassertyp 2, 26-30 °C.
Haltung: In locker bepflanzten und dunkel gehaltenen Becken gruppenweise (6-8 Fische). Die Einrichtung sollte aus von oben in das Becken ragenden Wurzeln bestehen, die den Fischen Unterstände bieten. Fütterung mit Spezial-Diskus-Trockenfutter und Diskus-Gefrierfutter.
Lebensweise: Ruhige, in Gruppen lebende Art, die in wurzelreichen Biotopen Amazoniens Insektenlarven frisst.
Vergesellschaftung: Mit ruhigen südamerikanischen Salmlern und Bodenfischen (z.B. *Ancistrus dolichopterus*).

250 l

Dornauge *Pangio kuhlii*

auch: *Pangio semicincta, Acanthophthalmus kuhlii*
Familie: Schmerlen *Cobitidae* (→ Seite 17).
Kennzeichen: Etwa 8 cm, schwierig zu unterscheidende Geschlechter; Achtung beim Fangen: Dorn unter den Augen!
Becken/Wasser: 60x30x30 cm, Wassertyp 2-5, 24-30 °C.
Haltung: Geselliger Fisch, den man zu mehreren in dicht bepflanzten (Javamoos) und dunkel gehaltenen (Schwimmpflanzendecke) Becken hält. Weicher Bodengrund. Fütterung mit kleinerem Lebend-, Frost- und Trockenfutter.
Lebensweise: Nachtaktive Fische, die sich tagsüber verstecken. Kommen im Aquarium tagsüber zur Fütterung heraus. Pflanzenreiche Bäche und Stillgewässer Malaysias.
Vergesellschaftung: Z.B. Bärblinge (*Boraras, Rasbora*).

50 l

Eilandbarbe *Puntius oligolepis*

Familie: Karpfenfische *Cyprinidae* (→ Seite 16).
Kennzeichen: Etwa 5 cm, Männchen mit intensiveren Farben und schwarz gerändeter Rücken- und Afterflosse.
Becken/Wasser: 60x30x30cm, Wassertyp 2-6, 23-27 °C.
Haltung: Einige Männchen, mehrere Weibchen in locker bepflanzten, hellen Becken mit weichem Bodengrund und einigen Kieselsteinen halten. Alle kleinen Futtersorten.
Lebensweise: Bodennah lebender Gruppenfisch aus Klarwasserbächen und Tümpeln höher gelegener Regionen Sumatras (Indonesien). Männchen bilden Balzreviere aus.
Vergesellschaftung: Gut mit Bärblingen der Gattung *Danio*, Schmerlen der Gattung *Schistura*, aber auch mit Platys und Schwertträgern zu halten.

50 l

Elefantenrüsselfisch *Gnathonemus petersii*

Familie: Nilhechte *Mormyridae* (→ Seite 6).
Kennzeichen: 35 cm, Männchen mit konkaver Afterflosse.
Becken/Wasser: 120x50x50 cm (für Einzeltiere), in der Gruppe Becken ab 200 cm. Wassertyp 2-5, 24-28 °C.
Haltung: Einzeln in kleineren Becken oder als Gruppe in größeren Becken. Jedes Tier braucht seinen eigenen Unterstand in den dunkel gehaltenen Becken. Fütterung abends mit lebenden Würmern und Roten Mückenlarven.
Lebensweise: Vorwiegend nachtaktive Fische weichgründiger Flussläufe Zentralafrikas. Orten und kommunizieren mit elektrischen Signalen. Untereinander oft aggressiv.
Vergesellschaftung: Nur mit kleinen Fischen, die den Nilhechten nicht das Futter wegfressen. Keine Cichliden!

300 l

Elfenwels *Acanthicus adonis*

Familie: Harnischwelse *Loricariidae* (→ Seite 8).
Kennzeichen: 100 cm. Die prächtige Färbung der Jungtiere weicht einer verwaschenen Fleckenfärbung mit dem Alter. Männchen mit längeren Dornen an den Brustflossen.
Becken/Wasser: 320x70x60 cm, Wassertyp 2-5, 24-29 °C.
Haltung: Nur in sehr großen Becken mit vielen Wurzeln. Ein 320-cm-Becken ist für ein Paar ausreichend. Fütterung mit Grünfutter und auch mit ballaststoffreichen Pellets.
Lebensweise: Zwischen ins Wasser gefallenen Urwaldbäumen großer amazonischer Klarwasserflüsse.
Vergesellschaftung: Friedliche Art, die zusammen mit Großcichliden und Großsalmlern gehalten werden kann.
Ähnliche Art: *Acanthicus hystrix*, ca. 100 cm.

1300 l

Enantiopus melanogenys

Familie: Buntbarsche, Cichliden *Cichlidae* (→ Seite 10).
Kennzeichen: 15 cm, Männchen im Balzkleid bunter.
Becken/Wasser: 120x60x50 cm, Wassertyp 5-6, 25-27 °C.
Haltung: Großflächige Becken mit Sandboden als einzige Einrichtung. Abwechslungsreiche Fütterung mit verschiedenem feinen Frost- und Trockenfutter. Eine Gruppe von etwa 7 Tieren, davon 2-3 Männchen, halten.
Lebensweise: In Schwärmen über reinem Sandboden im Tanganjika-See. Zur Laichzeit färben sich die Männchen und bauen Balzplätze im Sand. Nicht paarbildender Maulbrüter im weiblichen Geschlecht.
Vergesellschaftung: Kärpflingscichliden (*Cyprichromis*).
Ähnliche Art: *Enantiopus sp.* »Kilesa«, 15 cm.

350 l

Endler's Guppy *Poecila sp. »Endler«*

Familie: Lebendgeb. Zahnkarpfen *Poeciliidae* (→ Seite 19).
Kennzeichen: 5 cm, Männchen mit Begattungsorgan.
Becken/Wasser: 60x30x30cm, Wassertyp 4-6, 26-28 °C.
Haltung: Mindestens 3 Paare in einem gut bepflanzten, hell beleuchteten, ausreichend warmen Aquarium halten. Teilweise mit Schwimmpflanzendecke. Fütterung mit Trockenfutter, geforenen oder lebenden *Artemia*-Nauplien.
Lebensweise: Bisher nur aus einer einzigen Süßwasser-Lagune im Nordosten Venezuelas bekannt, die von Grünen Schwimmalgen eingetrübt war. Wird maximal 2 Jahre alt. Möglicherweise ist die Art in freier Natur ausgestorben.
Vergesellschaftung: Mit bodenorientierten Fischchen, die hartes Wasser vertragen, z.B. *Corydoras hastatus*.

50 l

Engelswels *Pimelodus pictus*

Familie: Antennenwelse *Pimelodidae* (→ Seite 9).
Kennzeichen: 12 cm, Geschlechtsunterschiede unbekannt.
Becken/Wasser: 160x60x60 cm, Wassertyp 2-5, 25-28 °C.
Haltung: Große Becken mit viel freiem Schwimmraum, wenigen Unterständen und guter Strömung, die ihrem Bewegungsdrang entgegenkommt. Allesfresser.
Lebensweise: Lebhafte Schwimmer größerer Flüsse des peruanischen Amazonasgebietes. Sie sind den ganzen Tag über unterwegs auf der Suche nach Fressbarem.
Vergesellschaftung: Mit allen nicht zu kleinen Fischen, die sich nicht durch ihre unruhige Art gestört fühlen, z.B. Scheibensalmlern (*Methynnis* oder *Myleus*). Zu kleine Fische könnten als Nahrung betrachtet werden.

500 l

Feenbuntbarsch *Aulonocara jacobfreibergi*

Familie: Buntbarsche, Cichliden *Cichlidae* (→ Seite 10).
Kennzeichen: 14 cm, Weibchen farblos und kleiner.
Becken/Wasser: 120x50x50 cm, Wassertyp 5-6, 25-27 °C.
Haltung: Ruhige Art, von der ein Männchen und mehrere Weibchen in dunkel gehaltenen Becken mit Sandboden und geräumigen Höhlen gehalten werden. Fütterung mit allen Futtersorten, besonders mit »Garnelenmix«.
Lebensweise: Geräumige Höhlen im Übergangsbereich zwischen Felsen- und Sandzone des Malawi-Sees. Nicht paarbildender Maulbrüter im weiblichen Geschlecht.
Vergesellschaftung: Am besten mit Sand- oder Freiwasser-cichliden des Malawi-Sees, aber nicht mit den oft ruppigen felsenbewohnenden Arten, z. B. *Melanochromis*.

300 l

Feuermaul-Buntbarsch *Thorichthys meeki*

auch: *Cichlasoma meeki*
Familie: Buntbarsche, Cichliden *Cichlidae* (→ Seite 10).
Kennzeichen: 15 cm, Männchen größer, längere Flossen.
Becken/Wasser: 120x60x60 cm, Wassertyp 3-6, 24-27 °C.
Haltung: Gruppe von 6 Tieren halten, aus der sich zeitweise Paare bilden. Entsprechend Becken mit Wurzeln und großen Pflanzen so einrichten, dass sich Reviergrenzen ergeben. Fütterung mit Kleinkrebsen und ballaststoffreichem Trockenfutter. Nie Rote Mückenlarven!
Lebensweise: Flache Uferbereiche mit Holzeinlagerungen oder Felsen verschiedener Flüsse Mexikos und Guatemalas. Paarbildender Offenbrüter.
Vergesellschaftung: Gut mit großen(!) Schwertträgern.

400 l

Feuerrochen *Potamotrygon henlei*

Familie: Süßwasserstechrochen *Potamotrygonidae* (→ S. 6).
Kennzeichen: Mindestens 60 cm Scheibendurchmesser. Giftiger Schwanzstil-Stachel: Verletzungsgefahr(!).
Die Geschlechter haben unterschiedliche Afterflossen.
Becken/Wasser: 400x150x60 cm, Wassertyp 2-5, 27-29 °C.
Haltung: Paarweise Haltung in Becken mit mindestens 6 cm hoher Sandschicht und starker Filterung. Keine scharfkantigen Steine oder Heizstäbe im Becken: Die Rochen könnten sich sich verletzen. Fütterung mit Mengen an Muschelfleisch und tiefgefrorenen Garnelen.
Lebensweise: Sandige Ufer des Rio Xingu, Brasilien.
Vergesellschaftung: Mit anderen südamerikanischen Großfischen, z.B. Oskars, Gabelbärten, Scheibensalmlern.

3500 l

Feuersalmler *Hyphessobrycon amandae*

Familie: Salmler aus der Familie *Characidae* (→ Seite 16).
Kennzeichen: 3 cm, Männchen schlanker und kleiner.
Becken/Wasser: 60x30x30 cm, Wassertyp 1-3, 24-28 °C
Haltung: Schwarmfisch (10-30 Fische), den man in Becken mit dunklem Bodengrund und dichter Bepflanzung halten sollte. Fütterung mit allen kleinen Futtersorten (z.B. *Cyclops*, *Artemia*-Nauplien, Trockenfutter). Die intensive rote Färbung kommt nur in torfgefiltertem weichen und sauren Wasser zum Vorschein. In hartem, alkalischem Wasser werden die Fische nicht alt.
Lebensweise: Nur aus einem Schwarzwasserbach in der Region Mato Grosso (Brasilien) bekannt.
Vergesellschaftung: Nur mit anderen Zwergarten.

50 l

Feuerschwanz *Epalzeorhynchus bicolor*
auch: *Labeo bicolor*
Familie: Karpfenfische *Cyprinidae* (→ Seite 16).
Kennzeichen: 15 cm, erwachsene Männchen schmaler.
Becken/Wasser: 120x50x50 cm, Wassertyp 2-6, 23-28 °C.
Haltung: Revierbildende Art, von der mehrere Tiere nur in sehr großen Becken gehalten werden können. Dunkel gehaltene Becken mit Unterstand, z.B. aus Wurzeln. Nimmt alle kleineren Futtersorten, besonders Pflanzenfutter.
Lebensweise: Weidet mit seinem unterständigen Maul Steine und Wurzeln in größeren Fließgewässern Thailands ab.
Vergesellschaftung: Wegen der Aggressivität nur mit wendigen oder wehrhaften Fischen, z.B. größeren Barben.
Ähnliche Art: Grüner Fransenlipper, *E. cf. frenatus*, 12 cm.

300 l

Filigran-Regenbogenfisch *Iriatherina werneri*
auch: Werners Regenbogenf., Fadenflossen-Regenbogenf.
Familie: Regenbogenfische *Melanotaeniidae* (→ Seite 18).
Kennzeichen: 5 cm, Männchen mit sehr lang ausgezogenen Flossen und wesentlich intensiveren Farben.
Becken/Wasser: 80x35x40 cm, Wassertyp 2-5, 25-30 °C.
Haltung: Gruppenfisch für dicht bepflanzte Becken. Fütterung mit feinem Lebendfutter (*Artemia*-Nauplien, Cyclops und Wasserflöhe) und auch Trockenfutter.
Lebensweise: In pflanzenreichen Teichen und stillen Flussabschnitten Süd-Neuguineas und Nordaustraliens.
Vergesellschaftung: Guter Gesellschaftsfisch für kleine bodenbewohnende Fische, z.B. Panzerwelse. Nicht mit größeren anderen Fischen zusammen halten.

100 l

Flaggenbuntbarsch *Mesonauta insignis*
Familie: Buntbarsche, Cichliden *Cichlidae* (→ Seite 10).
Kennzeichen: 20 cm, Weibchen bleiben kleiner.
Becken/Wasser: 120x50x50 cm, Wassertyp 2-5, 24-30 °C.
Haltung: Paarweise Haltung in Becken mit großblättrigen Pflanzen und Wurzeln, die bis zur Wasseroberfläche reichen. Fütterung mit allen gängigen Futtersorten.
Lebensweise: Oberflächennah lebender Fisch des nördlichen Amazoniens, der an Stellen im Schwarzwasser vorkommt, die durch Totholz oder Pflanzenwuchs gekennzeichnet sind. Paarbildender Offenbrüter.
Vergesellschaftung: Mit anderen ruhigen südamerikanischen Cichliden, z.B. Keilfleckcichliden, Diskus, Skalaren.
Ähnliche Art: *Mesonauta festivus*, 20 cm.

300 l

Flaggenschwanz-Panzerwels *Corydoras robineae*

Familie: Schwielenwelse *Callichthyidae* (→ Seite 9).
Kennzeichen: 7 cm, Weibchen fülliger.
Becken/Wasser: 80x35x40 cm, Wassertyp 2-4, 24-28 °C.
Haltung: Gruppenweise Haltung in Becken mit teilweise sandigem Bodengrund, lockerer Bepflanzung und Struktur, die sie zum Rasten aufsuchen. Fütterung mit feinem Lebend-, Frost- und Trockenfutter. Gezielt füttern!
Lebensweise: Gesellige Tiere sandiger Gewässerbereiche eines Zuflusses des brasilianischen Rio Negro.
Vergesellschaftung: Ideale Gesellschaft für südamerikanische Fische der mittleren und oberen Beckenregionen. In kleinen Becken nicht mit Buntbarschen, in größeren Becken auch mit Diskus und Skalaren.

100 l

Flaggenschwanz-Schwielenwels *Dianema urostriatum*

auch: Schwanzstreifen-Schwielenwels, *Dianema urostriata*
Familie: Schwielenwelse *Callichthyidae* (→ Seite 9).
Kennzeichen: 10 cm, Weibchen fülliger und größer.
Becken/Wasser: 100x50x50 cm, Wassertyp 2-5, 25-28 °C.
Haltung: Gruppe von etwa 6 Tieren in dunklen, versteckreichen Becken mit Schwimmpflanzen halten. Fütterung mit Lebend-, Frost- und Trockenfutter.
Lebensweise: Gesellige Art, die wie alle Schwielenwelse Luftsauerstoff über den Darm veratmen kann. Oft in Restwassertümpeln des Rio Negro um Manaus (Brasilien).
Vergesellschaftung: Mit ruhigen Fischen der gleichen Region, z.B. mit Skalaren oder Diskus und Panzerwelsen.
Ähnliche Art: *Dianema longibarbis*, 9 cm.

250 l

Flösselaal *Erpetoichthys calabaricus*

auch: *Calamoichthys calabaricus*
Familie: Flösselhechte *Polypteridae* (→ Seite 6).
Kennzeichen: 37 cm, Männchen mit größerer Afterflosse. Die Größe wird oft fälschlicherweise mit 90 cm angegeben.
Becken/Wasser: 80x40x40 cm, Wassertyp 2-5, 26-29 °C.
Haltung: Geselliger Fisch für dicht bepflanzte und versteckreiche Becken ohne Strömung. Fütterung mit Frostfutter (erwachsene *Artemia*, Garnelen, Insekten). Manche Tiere fressen nicht: Vor dem Kauf füttern lassen!
Lebensweise: Sumpfbewohner des Küstentieflandes von Nigeria bis zum Kongo. Frisst hauptsächlich Garnelen.
Vergesellschaftung: Mit größeren westafrikanischen Fischen: Fiederbartwelse, Messerfische, Salmler.

120 l

Flunderharnischwels *Pseudohemiodon laticeps*

Familie: Harnischwelse *Loricariidae* (→ Seite 9).
Kennzeichen: 30 cm, Männchen mit »Backenbart«.
Becken/Wasser: 150x60x30 cm, Wassertyp 3-5, 25-28 °C.
Haltung: Paarweise oder ein Männchen mit mehreren Weibchen in großflächigen Becken auf reinem Sandboden. Nur wenig Struktur darf die sandige Bodenzone aufteilen. Abwechslungsreiche Fütterung mit Tablettenfutter, Roten Mückenlarven, gefrorenen *Cyclops* oder Wasserflöhen.
Lebensweise: Kleintierfresser der Sandflächen des Paraná-Flusses im südlichen Südamerikas. Gräbt sich oft ein.
Vergesellschaftung: Nur mit Fischen der oberen Beckenregionen. Bodenfische (Panzerwelse) würden stören.
Ähnliche Art: *Pseudohemiodon lamina*, 20 cm.

250 l

Friedlicher Kampffisch *Betta imbellis*

auch: Kleiner Kampffisch, *Betta rubra*
Familie: Kampffische der Familie *Osphronemidae* (→ S. 15).
Kennzeichen: 5 cm, Weibchen mit kürzeren Flossen, blass.
Becken/Wasser: 60x30x30 cm, Wassertyp 2-5, 26-28 °C.
Haltung: In kleinen Becken paarweise, in größeren Becken ab 80 cm zu mehreren Paaren. Dichte Bepflanzung mit strukturreicher Einrichtung sorgt für Reviergrenzen und Versteckmöglichkeiten. Fütterung mit kleinem Lebend-, Frost- und Trockenfutter. Schwimmpflanzendecke.
Lebensweise: Sumpfige Gebiete Ostthailands und Malaysias.
Vergesellschaftung: Kleine ruhige Fische der unteren und mittleren Beckenbereiche: kleine Barben oder Bärblinge (z.B. *Boraras*) und Schmerlen, z.B. Dornaugen.

50 l

Fünfgürtelbarbe *Puntius pentazona*

Familie: Karpfenfische *Cyprinidae* (→ Seite 16).
Kennzeichen: Etwa 5 cm, Weibchen fülliger.
Becken/Wasser: 60x30x30 cm, Wassertyp 1-3, 26-29 °C.
Haltung: Gruppenhaltung (mindestens 6 Tiere) in dunkel gehaltenen Becken mit Torffilterung, weichem, nicht scharfkantigem Bodengrund und lockerer Bepflanzung mit Cryptocorynen. Wurzelunterstände. Alle Futtersorten.
Lebensweise: Bodennah lebender Gruppenfisch aus Schwarzwassergebieten Südostasiens, der »mümmelnd« weichen Bodengrund nach Fressbarem durchsucht.
Vergesellschaftung: Gut zu vergesellschaften mit nicht zu lebhaften Fischen mit gleichen Wasseransprüchen, z.B. *Rasbora*-Arten, Fadenfischen und Schmerlen (z.B. *Pangio*).

50 l

Gabelbart *Osteoglossum bicirrhosum*
auch: Arowana
Familie: Knochenzüngler *Osteoglossidae* (→ Seite 6).
Kennzeichen: 120 cm, Männchen mit längerem Unterkiefer.
Becken/Wasser: 450x150x70 cm, Wassertyp 2-5, 26-29 °C.
Haltung: Ausgewachsene Tiere sind nur für Schauaquarien geeignet. Randbepflanzung, wenig Wurzelstöcke, hauptsächlich aber genug Schwimmraum für den stetig seine Kreise ziehenden Fisch. Nimmt Fischfleisch und Insekten.
Lebensweise: Oberflächenfisch, der Großinsekten und Fische in großen Flüssen und Seen Amazoniens jagt.
Vergesellschaftung: Mit großen ruhigen Fischen Amazoniens: Rochen, Großcichliden, Großwelse.
Ähnliche Art: Schwarzer Gabelbart, *O. ferrerai*, 100 cm.

4500 l

Gabelschwanz-Blauauge *Pseudomugil furcatus*
auch: *Popondetta furcata, Popondichthys furcatus*
Familie: Blauaugen *Pseudomugilidae* (→ Seite 18).
Kennzeichen: 6 cm, Männchen bunter, größere Flossen.
Becken/Wasser: 60x30x30 cm, Wassertyp 3-5, 24-27 °C.
Haltung: Strömungsreiche Becken mit Randbepflanzung und steinigem Untergrund. Einzelne Javamoosbüschel. Wenige Männchen mit mehreren Weibchen zusammen halten. Kleines Lebend-, Frost- und Trockenfutter.
Lebensweise: Lebhafter Gruppenfisch aus schnell fließenden Bächen mit steinigem Untergrund Nord-Neuguineas.
Vergesellschaftung: Mit kleinen Bachbodenfischen, z.B. Schmerlen (*Schistura, Nemacheilus* oder *Gastromyzon*).
Ähnliche Art: *Pseudomugil conniae*, 6 cm.

50 l

Gabelschwanz-Schachbrettcichlide
Dicrossus filamentosus
Familie: Buntbarsche, Cichliden *Cichlidae* (→ Seite 10).
Kennzeichen: 9 cm, Männchen mit langen Flossenzipfeln.
Becken/Wasser: 100x40x40 cm, Wassertyp 1-2, 27-30 °C.
Haltung: Teilweise dicht bepflanzte Becken, aber mit freiem Schwimmraum über Sand- oder Feinkiesflächen. Ein Männchen mit 2-3 Weibchen pflegen. Fütterung mit feinem Lebend-, Frost- und Trockenfutter.
Lebensweise: Flaches Klar- und Schwarzwasser im Rio Negro-Einzugsgebiet (Amazonien). Haremsbildender Offenbrüter.
Vergesellschaftung: Auch in der Natur mit Rotem Neon.
Ähnliche Art: *Dicrossus maculatus*, 10 cm (Wassertyp 2-4).

150 l

Gardners Prachtkärpfling *Fundulopanchax gardneri*

auch: *Aphyosemion gardneri*
Familie: Prachtkärpflinge, Familie *Aplocheilidae* (→ S. 19).
Kennzeichen: 7 cm, Männchen bunter und größer.
Becken/Wasser: 60x30x30 cm, Wassertyp 2-4, 23-27 °C.
Haltung: In kleinen, dunkel gehaltenen Becken ein Männchen zusammen mit mehreren Weibchen. Kleine Wurzeln und Pflanzengruppen sorgen für Verstecke bei der Vergesellschaftung mehrerer Männchen in größeren Becken.
Lebensweise: Insektenfresser, der in der extrem flachen Uferregion kleinster Regenwald- und Savannenbäche Kameruns und Nigerias lebt. Männchen verteidigen Reviere.
Vergesellschaftung: Hechtlinge (*Epiplatys*), afrikanische Barben (z.B. *Barbus barilioides*), Leuchtaugenfische.

50 l

Gebirgsharnischwels *Chaetostoma spec.*

auch: Gummimaul-Harnischwels
Familie: Harnischwelse *Loricariidae* (→ Seite 9).
Kennzeichen: Ca. 8-12 cm, Männchen mit breiter Schnauze.
Becken/Wasser: 60x30x30 cm, Wassertyp 3-5, 20-24 °C.
Haltung: In stark beleuchteten, strömungsreichen Becken. Im Sommer darf das Wasser nicht zu warm werden! Fütterung mit Grünfutter, auch Trockenfuttertabletten.
Lebensweise: *Chaetostoma* stammen aus kühlen gebirgigen Gewässern der Anden, wo sie in der starken Strömung auf der Oberfläche von Kieselsteinen Algen abraspeln.
Vergesellschaftung: Am besten für sich halten.
Ähnliche Arten: Es werden verschiedene Arten eingeführt, die zum Teil schwer zu bestimmen sind.

50 l

Gelber Kongosalmler *Alestopetersius caudalis*

auch: *Phenacogrammus, Hemigrammopetersius caudalis*
Familie: Echte Afrikanische Salmler *Alestiidae* (→ Seite 16).
Kennzeichen: 7 cm, Männchen bunter, größere Flossen.
Becken/Wasser: 100x40x40 cm, Wassertyp 2-5, 23-27 °C.
Haltung: Etwa 8 Fische in locker bepflanzten und mit einigen Wurzeln strukturierten Becken. Gedämpfte Beleuchtung und dunkler Bodengrund. Mag besonders Schwarze Mückenlarven und Obstfliegen, akzeptiert aber auch anderes kleines Frost- und Trockenfutter.
Lebensweise: Schwimmfreudiger Schwarmfisch klarer Fließgewässer des Kongobeckens. Frisst Insekten.
Vergesellschaftung: Mit Welsen (*Synodontis*) und Zwergbuntbarschen (*Nanochromis*) des Kongo.

150 l

Gelber von Panama *Cryptoheros nanoluteus*

auch: *Archocentrus nanoluteus*
Familie: Buntbarsche, Cichliden *Cichlidae* (→ Seite 10).
Kennzeichen: 11 cm, Weibchen bleiben etwas kleiner.
Becken/Wasser: 100x40x40 cm, Wassertyp 5-6, 24-28 °C.
Haltung: Recht friedliche Art, die paarweise in locker mit großblättrigen Pflanzen bepflanzten Becken, einer Steinhöhle und feinkörnigem Bodengrund gepflegt werden kann. Fütterung mit allen gängigen kleinen Futtersorten.
Lebensweise: Nur aus einem kleinen Flusssystem in Panama bekannt. Paarbildender Versteckbrüter.
Vergesellschaftung: Mit einer Gruppe schwimmfreudiger Lebendgebärender Zahnkarpfen, z.B. Jamaikakärpflingen.
Ähnliche Art: *Cryptoheros altoflavus*, 11 cm.

150 l

Gelber Zwergbuntbarsch *Apistogramma borellii*

auch: Borellis Zwergbuntbarsch, *Apistogramma reitzigi*
Familie: Buntbarsche, Cichliden *Cichlidae* (→ Seite 10).
Kennzeichen: 7 cm, Männchen größer und bunter.
Becken/Wasser: 60x30x30 cm, Wassertyp 2-4, 22-24 °C.
Haltung: Paarweise auch schon in relativ kleinen Becken ab 60 cm, die teilweise dicht bepflanzt sind (auch Schwimmpflanzen) und die mit kleinen Höhlenverstecken eingerichtet sind. Nimmt alle kleinere Futtersorten.
Lebensweise: In Bolivien und Umgebung meist in klaren stehenden oder nur langsam fließenden Gewässern mit viel Wasserpflanzen zu finden. Auch zwischen den Wurzeln von Schwimmpflanzen. Meist paarbildender Versteckbrüter.
Vergesellschaftung: Mit kleinen Salmlern.

50 l

Genetzter Prachtbuntbarsch *Pelvicachromis taeniatus*

auch: Smaragd-Prachtbuntbarsch
Familie: Buntbarsche, Cichliden *Cichlidae* (→ Seite 10).
Kennzeichen: 8 cm, Weibchen mit mehr Glanzfarben.
Becken/Wasser: 60x30x30 cm, Wassertyp 2-4 (je nach Farbform: Die Farbform »Moliwe« und »Muyuka« schätzen keine sauren Wasserwerte, die anderen schon), 24-27 °C.
Haltung: Paarweise in bepflanzten Becken mit etwas Strömung. Nimmt alle gängigen Futtersorten.
Lebensweise: In klaren Regenwaldbächen mit Sandboden, die meist mit Wasserlilien bewachsen sind. Weibchen balzen mit leuchtendem Bauch. Paarbildender Versteckbrüter.
Vergesellschaftung: Gut mit Leuchtaugenfischen.
Ähnliche Art: *Pelvicachromis subocellatus*, 9 cm.

50 l

Geophagus cf. altifrons

auch: Geophagus surinamensis
Familie: Buntbarsche, Cichliden *Cichlidae* (→ Seite 10).
Kennzeichen: 25 cm, Männchen mit längeren Flossen.
Becken/Wasser: 150x60x60 cm, Wassertyp 2-5, 27-30 °C.
Haltung: Etwa 6-8 Fische in Becken mit Sandboden und nur wenig Struktur im Beckenhintergrund. Nur robuste Pflanzen. Nimmt alle gängigen Futtersorten.
Lebensweise: Sandige, schlammige, kiesige oder felsige Bereiche großer Flüsse Amazoniens (oft in der Nähe von Holzeinlagerungen). Meist paarbildender Maulbrüter.
Vergesellschaftung: Gut mit Scheibensalmlern, Harnischwelsen und ruhigen Großcichliden, z.B. *Heros.*
Ähnliche Art: *Geophagus proximus,* 25 cm.

500 l

Gepunktetes Blauauge *Pseudomugil gertrudae*

Familie: Blauaugen *Pseudomugilidae* (→ Seite 18).
Kennzeichen: 4 cm, Weibchen farblos, mit kürzeren Flossen.
Becken/Wasser: 60x30x30 cm, Wassertyp 2-5, 25-28 °C.
Haltung: Gruppenfisch (2-3 Männchen mit 6 oder mehr Weibchen) für dicht bepflanzte, strömungsarme Becken mit gedämpfter Beleuchtung. Ernährung mit kleinem Lebend- oder Frostfutter (Obstfliegen, *Artemia, Cyclops*).
Lebensweise: Bewohnt schattige Regenwaldbäche, Sümpfe, Seerosenteiche im Regenwald Australiens und Neuguineas.
Vergesellschaftung: Nur mit anderen zarten Fischen, z.B. Knurrenden Zwergguramis, zusammen halten. Zusätzlich mit kleinen Bodenfischen, z.B. kleinen Panzerwelsen.
Ähnliche Art: Honigblauauge, *Pseudomugil mellis,* 3 cm.

50 l

Gestreckter Zitronencichlide *Neolamprologus longior*

auch: Tanganjika-Goldcichlide, *Neolamprologus leleupi*
Familie: Buntbarsche, Cichliden *Cichlidae* (→ Seite 10).
Kennzeichen: 10 cm, Weibchen bleiben etwas kleiner, Männchen entwickeln im Alter einen kleinen Stirnbuckel.
Becken/Wasser: 100x40x40 cm, Wassertyp 5-6, 25-27 °C.
Haltung: Paarweise in Becken mit Steinaufbauten, die Ritzen und Höhlen als Verstecke bieten. Fütterung mit krebshaltigem Futter, z.B. Garnelenmix; *Artemia* lässt die schöne gelbe Farbe auf Dauer nicht verblassen.
Lebensweise: Lebt versteckt in Höhlen der Felsenzone des Tanganjika-Sees. Paarbildender Versteckbrüter.
Vergesellschaftung: Mit anderen Tanganjika-Cichliden.
Ähnliche Art: *Neolamprologus cylindricus,* 12 cm.

150 l

Gestreifter Leporinus *Leporinus fasciatus*

Familie: Engmaulsalmler *Anostomidae* (→ Seite 16).
Kennzeichen: 30 cm, Geschlechter schwer zu unterscheiden.
Becken/Wasser: 250x60x60 cm, Wassertyp 2-5, 24-28 °C.
Haltung: Gruppenweise (mindestens 5 Fische) in großen pflanzenfreien Aquarien, die mit Wurzeln strukturreich eingerichtet sind. Einzeltiere oft aggressiv. Fütterung mit Grünfutter und tierischem Frostfutter.
Lebensweise: Wendiger Schwimmer, der in strömenden Felsenzonen Amazoniens vorkommt und dort nach pflanzlicher und tierischer Nahrung sucht.
Vergesellschaftung: Mit südamerikanischen Großfischen, z.B. Scheibensalmlern, Großcichliden und Welsen.
Ähnliche Art: *Leporinus cf. maculatus*, ca. 20 cm.

1000 l

Gestreifter Ohrgitter-Harnischwels
Macrotocinclus hoppei

auch: Otocinclus affinis, »Oto«.
Familie: Harnischwelse *Loricariidae* (→ Seite 9).
Kennzeichen: 4 cm, Weibchen fülliger; Schwanzwurzelfleck.
Becken/Wasser: 60x30x30 cm, Wassertyp 2-6, 22-27 °C.
Haltung: Mindestens 5-6 Fische in gut bepflanzten und stark beleuchteten Aquarien halten. Guter Algenfresser! Mit pflanzenhaltigem Futter, auch Futtertabletten, füttern.
Lebensweise: Gesellige Art, die in Trupps meist an ins Wasser hängender Ufervegetation Amazoniens vorkommt.
Vergesellschaftung: Mit allen Kleinfischen, deren Ansprüche mit denen der »Otos« übereinstimmen.
Ähnliche Art: *Macrotocinclus vittatus* (ohne Fleck), 4 cm.

50 l

Gestreifter Peckoltia *Peckoltia cf. vittata*

Familie: Harnischwelse *Loricariidae* (→ Seite 9).
Kennzeichen: 8 cm, Männchen mit »Kiemenstacheln«.
Becken/Wasser: 60x30x30 cm, Wassertyp 2-5, 25-29 °C
Haltung: Paarweise in dunklen Becken mit vielen Wurzeln und engen Wurzel- oder Tonröhrenhöhlen, in die die Fische gerade hereinpassen. Fütterung mit Grün- und Trockenfutter, aber auch Kleinkrebsen als Frostfutter.
Lebensweise: In Totholzverhauen des Rio Negro (Brasilien, Venezuela); Männchen verteidigen Höhlen zur Laichzeit.
Vergesellschaftung: Andere Harnischwelse und alle kleineren Fische mit ähnlichen Wasseransprüchen.
Ähnliche Art: Zierbinden-Harnischwels, *Panaquolus cf. maccus*, 8 cm (wird oft als *Peckoltia vittata* angeboten).

50 l

Gestreifter Prachtkärpfling *Aphyosemion striatum*

Familie: Prachtkärpflinge, Familie *Aplocheilidae* (→ S. 19).
Kennzeichen: 5 cm, Männchen bunter und größer.
Becken/Wasser: 60x30x30 cm, Wassertyp 2-5, 21-23 °C.
Haltung: In kleinen, dunkel gehaltenen Becken mehrere Männchen mit vielen Weibchen. Kleine Wurzeln und Pflanzengruppen sorgen für Reviergrenzen und Rückzugsmöglichkeiten für unterlegene Männchen oder arg von Männchen verfolgten Weibchen. Lebend- und Trockenfutter.
Lebensweise: Insektenfresser, der in der extrem flachen Uferregion kleinster Regenwaldbäche in Nordgabun lebt.
Vergesellschaftung: Hechtlinge (z.B. *Epiplatys sexfasciatus*), afrikanische Barben (z.B. *Barbus barilioides*) oder Leuchtaugenfische (z.B. *Procatopus*).

50 l

Gestreifter Schlankcichlide *Julidochromis regani*

Familie: Buntbarsche, Cichliden *Cichlidae* (→ Seite 10).
Kennzeichen: 15 cm, Geschlechter schwer zu unterscheiden.
Becken/Wasser: 100x40x40 cm, Wassertyp 5-6, 25-27 °C.
Haltung: Paarweise in mit vielen Felsenverstecken eingerichteten Becken. Fütterung mit allen gängigen Futtersorten. Aus den mit der Zeit aufwachsenden Jungfischen entsteht über die Jahre eine Großfamilie.
Lebensweise: Felsige Küstenabschnitte des Tanganjika-Sees, die eingestreute Sandflächen aufweisen. Ernährt sich von Kleintieren. Meist paarbildender Versteckbrüter.
Vergesellschaftung: Mit nicht felsenbewohnenden Cichliden des Tanganjika-Sees, z.B. Kärpflingscichliden.
Ähnliche Art: *Julidochromis marlieri*, 15 cm.

150 l

Gestreifter Schneckenbuntbarsch
Neolamprologus multifasciatus

Familie: Buntbarsche, Cichliden *Cichlidae* (→ Seite 10).
Kennzeichen: 5 cm, Weibchen bleiben kleiner.
Becken/Wasser: 60x30x30 cm, Wassertyp 5-6, 25-27 °C.
Haltung: Etwa 5 cm hohe Sandschicht dicht mit leeren Weinbergschneckenhäusern aus dem Feinkostgeschäft belegen. Mehrere Tiere als Grundstock einer Kolonie einbringen. Fütterung mit Kleinkrebsen und Trockenfutter.
Lebensweise: Lebt in Kolonien mit oft hunderten von Tieren in Ansammlungen von vielen leeren Schneckenhäusern im Tanganjika-See. Haremsbildender Versteckbrüter.
Vergesellschaftung: In größeren Becken mit nicht sandbewohnenden Cichliden des Tanganjika-Sees.

50 l

Glänzender Zwergbuntbarsch *Nannacara anomala*

Familie: Buntbarsche, Cichliden *Cichlidae* (→ Seite 10).
Kennzeichen: 8 cm, Männchen bunter und größer.
Becken/Wasser: 80x35x40 cm, Wassertyp 1-4, 25-28 °C.
Haltung: Paarweise Haltung in dicht bepflanzten, struktur-
reichen Becken mit einigen Höhlenverstecken. Fütterung
mit allen gängigen Futtersorten.

100 l

Lebensweise: Leicht fließende oder stehende pflanzenreiche Stillgewässer des nordöstlichen Südamerika. Paarbildender Offen- oder Versteckbrüter.
Vergesellschaftung: Salmler, z.B. Schmucksalmler oder
Beilbäuche. Auch Harnischwelse, z.B. *Ancistrus*, die nicht in
die Höhleneingänge hineinpassen.
Ähnliche Art: *Nannacara aureocephalus,* 9 cm.

Glaswels *Kryptopterus minor*

auch: Indischer Glaswels, *Kryptopterus bicirrhis*
Familie: Echte Welse *Siluridae* (→ Seite 9).
Kennzeichen: 8 cm, Weibchen fülliger.
Becken/Wasser: 100x40x40 cm, Wassertyp 2-5, 24-28 °C.
Haltung: Gesellige und schwimmfreudige Art: Mindestens
6-10 Fische in strukturreichen Becken mit lockerer Bepflan-
zung, Schwimmpflanzen und leichter Strömung pflegen.

150 l

Ernährung mit feinem und mittlerem Lebendfutter, geht
nur zögerlich an Frost- oder Trockenfutter.
Lebensweise: Schwarmfisch verkrauteter, leicht strömender
Fließgewässer Südostasiens. Ernährung unbekannt.
Vergesellschaftung: Bärblinge der Gattung *Rasbora*, z.B.
Rasbora dorsiocellata, und Schmerlen, z.B. *Botia striata.*

Glühkohlenbarbe *Puntius fasciatus*

Familie: Karpfenfische *Cyprinidae* (→ Seite 16).
Kennzeichen: 15 cm, Weibchen weniger bunt und fülliger.
Zeigt nur bei optimaler Pflege die wunderschönen Farben.
Becken/Wasser: 150x50x50 cm, Wassertyp 2-5, 22-26 °C.
Haltung: Lebhafter, wendiger Schwarmfisch für Becken mit
viel Schwimmraum und einigen Unterständen aus groß-

400 l

blättrigen Pflanzen oder Wurzeln im Hintergrund. Fütte-
rung mit Futter aller Art mit einem großen Anteil Pflanzen-
nahrung, z.B. Zucchini, überbrühtem Spinat.
Lebensweise: Wahrscheinlich Bäche aus Vorderindien.
Vergesellschaftung: Mit Boden- und Oberflächenfischen
Südostasiens, z.B. *Devario-* oder *Schistura*-Arten.
Ähnliche Art: *Puntius filamentosus,* 15 cm.

Glühköpfchen *Sawbwa resplendens*
auch: Nacktlaube
Familie: Karpfenfische *Cyprinidae* (→ Seite 16).
Kennzeichen: 4,5 cm, Weibchen farblos.
Becken/Wasser: 80x35x40 cm, Wassertyp 5-6, 21-24 °C.
Haltung: Etwa 15 Tiere für locker bepflanzte (z.B. mit Vallisnerien, Javamoos) 80-cm-Becken. Fütterung mit *Artemia* und *Cyclops* (gefroren oder lebend), ab und zu Trockenfutter. Nur in hartem und kühlem Wasser halten!
Lebensweise: Schwarmfisch des hoch gelegenen, glasklaren und relativ kühlen Inlé-Sees (Myanmar). Natürliche Nahrung sind wahrscheinlich Kleinkrebse (z.B. *Cyclops*).
Vergesellschaftung: Nur mit Bodenfischen pflegen, die es auch kühler mögen, z.B. *Corydoras paleatus.*

100 l

Glühlichtbärbling *Rasbora pauciperforata*
auch: Glühlichtrasbora
Familie: Karpfenfische *Cyprinidae* (→ Seite 16).
Kennzeichen: Etwa 7 cm, Weibchen fülliger.
Becken/Wasser: 80x35x40 cm, Wassertyp 1-4, 25-28 °C.
Haltung: Einen kleinen Schwarm mit mindestens 6 Tieren in dunkel gehaltenen, torfgefilterten Becken. Lockere Bepflanzung oder feinfiedriges Wurzelwerk. Nimmt alle kleineren Futtersorten, auch Trockenfutter.
Lebensweise: Eher oberflächennah lebender Schwarmfisch der Schwarzgewässer Südostasiens (Malaysia, Indonesien).
Vergesellschaftung: Mit ähnlich anspruchsvollen Labyrinthfischen (z.B. Fadenfische), Schmerlen (z.B. *Botia*-Arten) und Bärblingen (z.B. Keilfleckbärblingen).

100 l

Glühlichtsalmler *Hemigrammus erythrozonus*
Familie: Salmler aus der Familie *Characidae* (→ Seite 16).
Kennzeichen: Bis etwa 4 cm, Weibchen fülliger.
Becken/Wasser: 60x30x30 cm, Wassertyp 1-5, 23-26 °C.
Haltung: Ruhiger Schwarmfisch (mindestens 8-10 Tiere) für dunkel eingerichtete Becken mit lockerer Bepflanzung und Schwimmpflanzen. In torfgefiltertem Wasser mit dunklem Bodengrund kommen die dezenten Farben am besten zur Geltung. Fütterung mit kleineren Futtersorten.
Lebensweise: Lebt in lockeren Gruppen in Urwaldbächen des Essequibo-Flusssystems in Guyana, Südamerika.
Vergesellschaftung: Mit kleinen ruhigen Fischen, die auch dunkle Becken bevorzugen, z.B. mit anderen Salmlern (z.B. *Nannostomus*-Ziersalmlern) und kleinen Welsen (*Corydoras*).

50 l

Goldringelgrundel *Brachygobius cf. doriae*
auch: *Brachygobius xanthozona*
Familie: Grundeln *Gobiidae* (→ Seite 11).
Kennzeichen: 3,5 cm, Weibchen fülliger.
Becken/Wasser: 60x30x30 cm, Wassertyp 5-7, 27-30 °C.
Haltung: Etwa 12 Tiere in einem kleinen Becken mit vielen (salztoleranten) Pflanzen oder Kleinverstecken halten. Nimmt ausschließlich feines Lebendfutter, z.B. *Artemia*-Nauplien oder Schwarze Mückenlarven. Kein Trockenfutter.
Lebensweise: Stammt aus verkrauteten Bereichen küstennaher Flüsse und Brackwassergebiete Südostasiens, die oft durch Huminstoffe klar und teefarbig dunkel gefärbt sind.
Vergesellschaftung: Am besten für sich allein halten, da sie sonst wegen Futterkonkurrenz schnell verhungern.

50 l

Goldtetra *Hemigrammus rodwayi*
auch: *Hemigrammus armstrongi*
Familie: Salmler aus der Familie *Characidae* (→ Seite 16).
Kennzeichen: 4 cm, Weibchen fülliger in der Bauchregion. Die goldene Färbung kommt durch unschädliche Hautparasiten zustande, die eine charakteristische Hautreaktion bei den Salmlern hervorrufen. Deswegen bleiben parasitenfreie Nachzuchten oft farblos.
Becken/Wasser: 60x30x30 cm, Wassertyp 2-5, 24-27 °C.
Haltung: Schwarmfisch für teilweise dicht bepflanzte Aquarien. Fütterung mit gefrorenen oder lebenden Kleinkrebsen, Schwarzen Mückenlarven, auch Trockenfutter.
Lebensweise: Häufige Art kleiner Bäche Amazoniens.
Vergesellschaftung: Kleine Bodenfische und Salmler.

50 l

Grauer Flösselhecht *Polypterus senegalus*
auch: Senegal-Flösselhecht
Familie: Flösselhechte *Polypteridae* (→ Seite 6).
Kennzeichen: 30 cm, Männchen mit größerer Afterflosse.
Becken/Wasser: 120x50x50 cm, Wassertyp 2-6, 25-29 °C.
Haltung: Paarweise oder gruppenweise Haltung in großflächigen Becken und Versteckplätzen (z.B. Wurzeln). Nimmt alle kräftigen Lebend- und Frostfuttersorten.
Lebensweise: Nächtlicher Garnelen- und Kleinfischräuber der Sümpfe, Flüsse und Seen Westafrikas. Jungfische bis zu 10 cm haben wie alle Flösselhechte büschelartige Außenkiemen und sehen dann wie Molchlarven aus.
Vergesellschaftung: Nur mit größeren Fischen, z.B. Fiederbartwelsen, Messerfischen und größeren Salmlern.

300 l

Großer Fadenmaulbrüter *Cyathopharynx furcifer*

Familie: Buntbarsche, Cichliden *Cichlidae* (→ Seite 10).
Kennzeichen: 21 cm, Weibchen kleiner und farblos.
Becken/Wasser: 200x60x60 cm, Wassertyp 5-6, 25-27 °C.
Haltung: Ein Männchen mit mehreren Weibchen in Becken mit wenigen Felsen, viel Schwimmraum und Sandboden. Nimmt alle gängigen Futtersorten, auch *Artemia*.
Lebensweise: Übergangszone zwischen Sand- und Felsenzone des Tanganjika-Sees, wo er kleine Futterpartikel aus dem freien Wasser oder von der Felsoberfläche frisst. Nicht paarbildender Maulbrüter im weiblichen Geschlecht.
Vergesellschaftung: In großen Becken mit Kärpflingscichliden und Tanganjika-Beulenköpfen.
Ähnliche Art: *Ophthalmotilapia ventralis*, 15 cm.

700 l

Großer Leuchtaugenbärbling *Rasbora dorsiocellata*

Familie: Karpfenfische *Cyprinidae* (→ Seite 16).
Kennzeichen: 6 cm, Weibchen fülliger.
Becken/Wasser: 60x30x30 cm, Wassertyp 2-5, 23-28 °C.
Haltung: Idealer Schwarmfisch für teilweise dicht bepflanzte Becken. Fütterung mit allen kleineren Futtersorten, z.B. Insektenlarven und Trockenfutter.
Lebensweise: Südostasien (Malaysia und Indonesien).
Vergesellschaftung: Mit kleineren Fischen auch ruhiger Gewässer Asiens, z.B. Zwerg- oder Honigfadenfischen, Fünfgürtelbarben und kleinen *Botia*-Arten.
Ähnliche Art: Der Kleine Leuchtaugenbärbling *Rasbora macrophthalma* sieht fast identisch aus, bleibt aber mit 3,5 cm wesentlich kleiner.

50 l

Großmaulwels *Chaca bankanensis*

Familie: Großmaulwelse *Chacidae* (→ Seite 9).
Kennzeichen: 20 cm, Geschlechter schwer unterscheidbar.
Becken/Wasser: 80x35x40 cm, Wassertyp 2-5, 23-26 °C.
Haltung: Einzeln in flachen Becken mit etwas Struktur durch eine Moorkienwurzel und einzelne Pflanzen. Kräftige Fütterung mit lebenden Futterfischen, z.B. Moderlieschen.
Lebensweise: Gut getarnter Lauerräuber der Urwaldgewässer Südostasiens. Verspeist werden recht große Fische mit mehr als der Hälfte der eigenen Körperlänge und Garnelen.
Vergesellschaftung: Die Art sollte nicht vergesellschaftet werden, weil kleinere Fische bis ca. 15 cm gefressen werden und größere Fische ihnen das Futter wegfressen.
Ähnliche Art: *Chaca chaca*, 20 cm.

100 l 🐟

Grundelbuntbarsch *Steatocranus tinanti*
auch: *Leptotilapia tinanti*
Familie: Buntbarsche, Cichliden *Cichlidae* (→ Seite 10).
Kennzeichen: 12 cm, Männchen werden größer, entwickeln einen größeren Kopfbuckel und haben ein breiteres Maul.
Becken/Wasser: 100x40x40 cm, Wassertyp 3-6, 24-28 °C.
Haltung: Paarweise in gut durchströmten Becken mit offener Bodenfläche und einigen flachen Steinplatten, unter denen sich die Fische Bruthöhlen ausgraben können. Fütterung vor allem mit Kleinkrebsen und Trockenfutter.
Lebensweise: Eher auf offenen Flächen der Stromschnellen des unteren Kongo. Paarbildender Versteckbrüter.
Vergesellschaftung: Gut mit einem Paar Blauen Kongocichliden (*Nanochromis parilus*) und Kongosalmlern.

150 l

Grüner Argusfisch *Scatophagus argus*
auch: Gemeiner Argusfisch
Familie: Argusfische *Scatophagidae* (→ Seite 12).
Kennzeichen: 38 cm, Geschlechtsunterschiede unbekannt.
Becken/Wasser: 250x80x70 cm, Wassertyp 7, 26-29 °C.
Haltung: Gesellige Art, die auf Dauer nicht in reinem Süßwasser zu halten ist. Gruppenweise in großen Aquarien mit Mangrovenwurzeln und viel freiem Schwimmraum halten. Fütterung mit allen Futtersorten, auch Pflanzen.
Lebensweise: Allesfresser aus dem Brackwasser der Mangroven und Flussunterläufe des Indopazifiks.
Vergesellschaftung: Mit anderen Mangrovenfischen, z.B. Schützenfischen und Silberflossenblättern.
Ähnliche Art: *Scatophagus tetracanthus*, 30 cm.

1400 l

Grüner Messerfisch *Eigenmannia sp.*
auch: *Eigenmannia lineata, Eigenmannia virescens*
Familie: Messeraale, aus der Familie *Sternopygidae* (→ S. 8).
Kennzeichen: 35-45 cm, je nach Art, Männchen wesentlich größer, Weibchen mit dickerem Bauch.
Becken/Wasser: 250x60x60 cm, Wassertyp 2-5, 25-29 °C.
Haltung: Gruppenfisch: Ein Männchen mit 4-5 Weibchen in geräumigen Becken mit Schwimmpflanzendecke (z. B. Muschelblumen in Starklichtbecken). Fütterung mit lebenden und gefrosteten Mückenlarven.
Lebensweise: Gesellige Arten, die unter »schwimmenden Wiesen«, d.h. Schwimmpflanzendecken Südamerikas leben. Sie orten und kommunizieren mit elektrischen Signalen.
Vergesellschaftung: Ruhige Bodenfische Südamerikas.

900 l

Grüner Neon *Hemigrammus hyanuary*

Familie: Salmler aus der Familie *Characidae* (→ Seite 16).
Kennzeichen: 4 cm, Weibchen fülliger.
Becken/Wasser: 60x30x30 cm, Wassertyp 1-4, 23-26 °C.
Haltung: Schwarmfisch (mindestens 6 Tiere halten) für dunkel gehaltene und dicht bepflanzte Becken. Der recht dünne Neonstreifen kommt bei heller Beleuchtung nicht schön heraus. Fütterung mit allen kleineren Futtersorten.
Lebensweise: Stammt wahrscheinlich aus Bächen und Überschwemmungswald des mittleren/oberen Amazonas.
Vergesellschaftung: Als relativ schlanke, bodenorientierte Art gut mit anderen kleinen Salmlern der mittleren und oberen Beckenregionen, z.B. *Hemigrammus pulcher*, *Hemigrammus ocellifer* oder Beilbäuchen.

50 l

Grüner Schwertträger *Xiphophorus helleri*

Familie: Lebendgeb. Zahnkarpfen der *Poeciliidae* (→ S. 19).
Kennzeichen: 12 cm, Männchen mit »Schwert« und mit dem Begattungsorgan .
Becken/Wasser: 100x40x40 cm, Wassertyp 4-6, 22-28 °C.
Haltung: Gruppenfisch (ein Männchen mit mehreren Weibchen oder aber sehr viele Männchen); 2 Männchen streiten sich zu häufig. Hell beleuchtete Aquarien mit Strömung.
Lebensweise: Wildformen in Fließgewässern Mexikos und Guatemalas. Weiden dort vor allem Algen von Steinen ab.
Vergesellschaftung: Naturnah mit kleineren mittelamerikanischen Buntbarschen (z.B. kleinen *Thorichthys*- oder *Cryptoheros*-Arten), aber auch mit Welsen, Salmlern etc.
Ähnliche Art: Es gibt sehr viele Zuchtformen.

150 l

Günthers Prachtgrundkärpfling
Nothobranchius guentheri

Familie: Prachtgrundkärpflinge *Aplocheilidae* (→ Seite 19).
Kennzeichen: 6 cm, Männchen bunter und größer.
Becken/Wasser: 60x30x30 cm, Wassertyp 5-6, 23-24 °C
Haltung: In einem 60-cm-Becken (etwa 3 Männchen mit 3-6 Weibchen). Teilweise dichte Bepflanzung, schummrige Beleuchtung, dunkler Bodengrund. Fütterung mit Lebend- (auch Tubifex), Frost- und gelegentlich Trockenfutter.
Lebensweise: Allesfresser, der in Savannentümpeln und -bächen der tansanischen Insel Sansibar lebt, die in der Trockenzeit austrocknen.
Vergesellschaftung: Wird am besten für sich gehalten.
Ähnliche Art: *Nothobranchius rachovii*, 6 cm.

50 l

Guppy *Poecilia reticulata*
auch: Millionenfisch, *Lebistes reticulatus*
Familie: Lebendgeb. Zahnkarpfen der *Poeciliidae* (→ S. 19).
Kennzeichen: Ca. 6 cm, Männchen mit Begattungsorgan.
Becken/Wasser: 60x30x30 cm, Wassertyp 2-5, 24-30 °C.
Haltung: Als Gruppe in teilweise dicht bepflanzten Becken. Abwechslungreiche Fütterung, mit allen kleineren Futtersorten und auch pflanzenhaltiger Nahrung.
Lebensweise: Stehende und leicht fließende Gewässer des nördlichen Südamerikas. Weltweit ausgewildert.
Vergesellschaftung: Idealer Gesellschaftsfisch für kleine Welse, Salmler und Zwergbuntbarsche. Zuchtformen am besten allein oder nur mit Bodenfischen halten.
Ähnliche Art: Zuchtformen, die oft weniger robust sind.

50 l

Guyana-Augenfleckcichlide *Heros notatus »Guyana«*
Familie: Buntbarsche, Cichliden *Cichlidae* (→ Seite 10).
Kennzeichen: 25 cm, Männchen größer und etwas farbiger.
Becken/Wasser: 150x60x60 cm, Wassertyp 2-5, 25-29 °C.
Haltung: Paarweise zu pflegende Art, die sich in dunkel gehaltenen Becken mit vielen Wurzeln als Unterständen wohl fühlt. Fütterung mit gängigen Futtersorten, wobei Grünfutter wichtig ist.
Lebensweise: Hauptsächlich Pflanzen fressende Cichliden, die aus Gewässern der Rupununi-Feuchtsavanne Guyanas stammen. Meist paarbildender Offenbrüter.
Vergesellschaftung: Mit anderen ruhigen Großcichliden, z.B. *Geophagus*-Arten, aber auch Scheibensalmlern.
Ähnliche Art: *Heros appendiculatus,* 25 cm.

550 l

Haibarbe *Balantiocheilos melanopterus*
auch: *Balantiocheilus melanopterus*
Familie: Karpfenfische *Cyprinidae* (→ Seite 16).
Kennzeichen: 35 cm, Männchen schlanker.
Becken/Wasser: 250x60x60 cm, Wassertyp 2-5, 24-28 °C.
Haltung: Gruppenfisch nur für sehr große Aquarien. Einrichtung mit viel freiem Schwimmraum und wenig Struktur am Beckenrand. Fütterung mit kräftigem pflanzenhaltigem Trockenfutter, aber auch Kleinkrebsen als Frostfutter. Pflege in kleinen Aquarien ist Tierquälerei!
Lebensweise: Wendige Großbarbe aus Flüssen und Seen Südostasiens. Gilt in der Heimat als gefährdet.
Vergesellschaftung: Mit anderen größeren Fischen Südostasiens, z.B. Prachtschmerlen (*Botia macracanthus*).

900 l

Haiwels *Pangasius hypopthalmus*
auch: *Pangasius sutchi, Pangasius micronemus*
Familie: Haiwelse *Pangasidae* (→ Seite 9).
Kennzeichen: 130 cm, hübsche Farbe nur bei Jungfischen.
Becken/Wasser: Ringbecken ab ca. 6000 l, kleinere Becken bedeuten Tierquälerei. Wassertyp 3-5, 23-28 °C.
Haltung: Schwimmfreudiger, ruhiger Gruppenfisch, der artgerecht nur in riesigen Becken gepflegt werden kann. Fütterung mit Pellets.
Lebensweise: Bewohner großer Flüsse Asiens, z.B. des Mekong. Frisst vor allem Fische, Krebstiere und halb zerfallenes biologisches Material (Detritus). Die Art unternimmt Wanderungen zu Laich- und Futterplätzen.
Vergesellschaftung: Mit Großfischen, z.B. *Barbodes.*

6000 l

Harlekinwels *Microglanis iheringi*
Familie: Antennenwelse *Pimelodidae* (→ Seite 9).
Kennzeichen: 7 cm, Geschlechtsunterschiede unbekannt.
Becken/Wasser: 60x30x30 cm, Wassertyp 2-5, 24-28 °C.
Haltung: Mit Steinen und Wurzelholz versteckreich eingerichtete Becken. Strömung entspricht natürlichen Bedingungen. Einzeln oder mehrere Tiere pflegen. Fütterung mit gefrorenen oder lebenden Roten Mückenlarven, Tubifex.
Lebensweise: Aus venezolanischen Bächen mit schnell fließendem Wasser, das über Felsen und Kies rauscht. Frisst Insekten, hauptsächlich Ameisen. Versteckt lebende Art, die tagsüber außer zur Fütterung nicht zu sehen ist.
Vergesellschaftung: Problemlos mit allen Fischen über 4 cm, die gleiche Wasseransprüche haben.

50 l

Hechtköpfiger Halbschnabelhecht *Dermogenys pusilla*
auch: *Dermogenys pusillus,* **Siamesischer Halbschnäbler**
Familie: Halbschnabelhechte *Hemirhamphidae* (→ Seite 18).
Kennzeichen: 8 cm, Männchen mit bunten Flossen.
Becken/Wasser: 80x35x40 cm, Wassertyp 5-6, 24-28 °C.
Haltung: Gruppenhaltung (in kleineren Becken ein Männchen mit mehreren Weibchen) in Becken mit leichter (!) Oberflächenströmung und lockerer Randbepflanzung. Fütterung unbedingt mit Insektenfutter (Schwarze Mückenlarven, *Drosophila*). Männchen untereinander ruppig.
Lebensweise: Insektenfressender Oberflächenfisch flacher küstennaher Gewässer Südostasiens. Auch im Brackwasser.
Vergesellschaftung: Mit kleineren asiatischen Brackwasserfischen z. B. mit Goldringelgrundeln und Glasbarschen.

100 l

Heckels Buntbarsch *Acarichthys heckelii*

Familie: Buntbarsche, Cichliden *Cichlidae* (→ Seite 10).
Kennzeichen: 25 cm, Weibchen kleiner, kürzere Flossen.
Becken/Wasser: 200x60x60 cm, Wassertyp 2-4, 25-28 °C.
Haltung: Mit Wurzeln und Steinen dekorierte Becken, die mit etwa 15 cm weiten und 30 cm langen Röhren, die ihrer Lebensweise entgegenkommen, eingerichtet sind. Ernährung mit kräftigem Lebend-, Frost- und Trockenfutter. Am besten pflegt man eine Gruppe von 6-8 Tieren.
Lebensweise: Gräbt in verschiedenen Gewässertypen Amazoniens Tunnel, die als Brutplatz für die Eier dienen. Paarbildender Versteckbrüter.
Vergesellschaftung: Mit großen Salmlern und Harnischwelsen sowie ruhigen Cichliden, z.B. *Heros*.

700 l

Hengels Keilfleckbärbling *Trigonostigma hengeli*

auch: *Rasbora hengeli*
Familie: Karpfenfische *Cyprinidae* (→ Seite 16).
Kennzeichen: 3,5 cm, Männchen mit größerem Keilfleck.
Becken/Wasser: 60x30x30 cm, Wassertyp 1-3, 25-28 °C.
Haltung: Dunkel eingerichtete und locker mit Cryptocorynen bepflanzte Schwarzwasserbecken (Torffilterung oder Zusatz von Torfextrakt). Nimmt alle kleineren Futtersorten, gern Schwarze Mückenlarven. Haltung nur im Schwarm ab 8-10 Tieren.
Lebensweise: Schwarmfisch der Schwarzwassersümpfe Indonesiens, wo sie wahrscheinlich Insekten fressen.
Vergesellschaftung: Mit Labyrinthfischen, Schmerlen und schlankeren Bärblingen, z.B. Glühlichtbärblingen.

50 l

Hochflossen-Fiederbartwels *Synodontis cf. eupterus*

Familie: Fiederbartwelse *Mochokidae* (→ Seite 9).
Kennzeichen: 22 cm, Geschlechter schwer unterscheidbar.
Becken/Wasser: 200x60x60 cm, Wassertyp 2-5, 26-29 °C.
Haltung: Große Becken mit Wurzeln als Verstecke und teilweise sandigem Boden. Fütterung mit allen gängigen Futtersorten, auch Trockenfutter auf pflanzlicher Basis. Einzeltiere oder größere Gruppe halten. Kräftiger Filter.
Lebensweise: Ruhige Art, die meist in trüben Flüssen Westafrikas lebt. Artbestimmung schwierig.
Vergesellschaftung: Mit anderen westafrikanischen Arten, z.B. Arnolds Rotaugensalmlern, Elefantenrüsselfischen oder Tilapien, z.B. *Tilapia joka*.
Ähnliche Art: *Synodontis nigrita*, 22 cm.

700 l

Hoher Skalar *Pterophyllum altum*
auch: Altum-Skalar
Familie: Buntbarsche, Cichliden *Cichlidae* (→ Seite 10).
Kennzeichen: Ca. 15 cm lang, aber bis 33 cm hoch. Geschlechtsunterschiede nur sehr schwer feststellbar.
Becken/Wasser: 100x60x80 cm, Wassertyp 1-2, 27-30 °C.
Haltung: In locker bepflanzten und dunkel gehaltenen Becken gruppenweise (6-8 Fische). Einrichtung aus von oben in das Becken ragenden Wurzeln, die Unterstände bieten. Fütterung mit diversem Frostfutter und Mückenlarven.
Lebensweise: Ruhiger Schwarzwasserfisch Amazoniens. Paarbildender Offenbrüter aus wurzelreichen Biotopen.
Vergesellschaftung: Zwergbuntbarsche, Panzerwelse, *Ancistrus,* größere Salmler. Neons werden gefressen!

500 l

Honiggurami *Colisa chuna*
auch: *Colisa sota*, Honigfadenfisch
Familie: Fadenfische, Familie *Osphronemidae* (→ Seite 15).
Kennzeichen: 5 cm, Männchen in Laichstimmung farbig. Geschlechter sonst sehr schwierig auseinander zu halten.
Becken/Wasser: 60x30x30 cm, Wassertyp 2-6, 22-28 °C
Haltung: Paarweise in dicht bepflanzten Becken mit Schwimmpflanzendecke. Fütterung mit allen gängigen kleinen Futtersorten. Im Händlerbecken meist farblos.
Lebensweise: Ruhiger Fisch, der seine ganze Pracht erst in Fortpflanzungsstimmung zeigt. Stammt aus den Uferbereichen und Überschwemmungsgebieten leicht fließender oder stehender Gewässer Nordostindiens.
Vergesellschaftung: Nur zarte Fische, z.B. Blaubarsche.

50 l

Indischer Buntbarsch *Etroplus maculatus*
Familie: Buntbarsche, Cichliden *Cichlidae* (→ Seite 10).
Kennzeichen: 8 cm, Geschlechter schwer unterscheidbar.
Becken/Wasser: 80x35x40 cm, Wassertyp 6-7, 26-29 °C.
Haltung: Einfach paarweise zu haltende Art in Becken mit Sand- oder Feinkiesboden, robusten Wasserpflanzen (z.B. *Vallisneria*), Kieseln. Nimmt alle gängigen Futtersorten. Die Art ist anfällig in Becken mit weichem Wasser.
Lebensweise: Flache Uferbereiche stehender Gewässer, häufig auch im Brackwasser Südindiens und Sri Lankas. Paarbildender Offenbrüter, bei dem die Weibchen auch einmal größer als die Männchen werden können.
Vergesellschaftung: Mit Brackwasserfischen Asiens, z.B. Schützenfischen oder *Dermogenys*-Halbschnabelhechten.

100 l

Indischer Glasbarsch *Chanda ranga*
auch: *Chanda lala, Ambassis lala*
Familie: Glasbarsche *Ambassidae* (→ Seite 14).
Kennzeichen: 5 cm, Männchen zur Laichzeit dunkel gefärbt mit hellblau irisierenden After- und Rückenflossensäumen.
Becken/Wasser: 60x30x30 cm, Wassertyp 5-7, 25-29 °C.
Haltung: Mindestens 6 Tiere in einem mit Pflanzen oder feinen Ästen strukturreich eingerichteten Becken halten. Fütterung mit *Cyclops*, *Artemia* und Wasserflöhen.
Lebensweise: Schwarmfisch pflanzenreicher Süß- und Brackwasserbereiche Südostasiens. Frisst kleine Futtertiere des Freiwassers, unter anderem Kleinkrebse.
Vergesellschaftung: Am besten mit kleinen Brackwasserfischen der Bodenregion, z.B. Goldringelgrundeln.

50 l

Indischer Zwergkugelfisch
Carinotetraodon travancoricus
Familie: Kugelfische *Tetraodontidae* (→ Seite 20).
Kennzeichen: 3 cm, Männchen mit intensiveren Farben.
Becken/Wasser: 60x30x30 cm, Wassertyp 5-7, 22-24 °C.
Haltung: Gruppenweise in locker bepflanzten Aquarien mit feinkiesigem Grund. Kräftige Fütterung ausschließlich mit Lebendfutter, z. B. Weißen Mückenlarven, Schnecken.
Lebensweise: Aktive Fischlein krautiger Tümpel Indiens.
Vergesellschaftung: Nur mit wendigen Schwarmfischen, z.B. Bärblingen. Ansonsten neigt die Art besonders bei knapper Fütterung dazu, Flossen anderer Fische zu zupfen!
Ähnliche Art: *C. imitator*, 3 cm. Diese Art ist seltener, aber weniger aggressiv zu anderen Fischen.

50 l

Jamaikakärpfling *Limia melanogaster*
auch: Schwarzbauchkärpfling, Stahlblauer Jamaikakärpfling
Familie: Lebendgeb. Zahnkarpfen der *Poeciliidae* (→ S. 19).
Kennzeichen: 6,5 cm, Männchen mit Begattungsorgan.
Becken/Wasser: 60x30x30 cm, Wassertyp 4-6, 22-28 °C.
Haltung: Nicht zu helle, teilweise dicht und teilweise locker bepflanzte Aquarien mit leichter Strömung (2-3 Männchen mit 6 oder mehr Weibchen). Mit Flockenfutter auf pflanzlicher Basis und kleinem Lebend- und Frostfutter füttern.
Lebensweise: Lebhafter Bachbewohner, der nur auf Jamaika vorkommt. Oberflächenfisch.
Vergesellschaftung: Kleine mittelamerikanische Buntbarsche (*Cryptoheros*) oder Blinde Höhlensalmler.

50 l

Joka-Tilapie *Tilapia joka*

Familie: Buntbarsche, Cichliden *Cichlidae* (→ Seite 10).
Kennzeichen: 20 cm, Männchen größer; im Alter lang ausgezogene Rücken- und Schwanzflossenfilamente.
Becken/Wasser: 150x50x50 cm, Wassertyp 2-4, 25-27 °C.
Haltung: Paarweise in Becken mit viel Totholz, einigen Verstecken aus zusammengestellten Steinplatten und leichter Strömung. Nur gedämpfte Beleuchtung. Fütterung mit ballaststoffreichem Trockenfutter, pflanzlicher Nahrung und Kleinkrebsen.
Lebensweise: Zwischen Totholz im Uferbereich kleiner und klarer Fließgewässer Liberias und Sierra Leones. Paarbildender Versteckbrüter, der in Höhlen laicht.
Vergesellschaftung: Mit großen Salmlern, z.B. *Brycinus*.

400 l

Jumbo-Dornauge *Pangio myersi*
auch: Siam-Dornauge
Familie: Schmerlen *Cobitidae* (→ Seite 17).
Kennzeichen: Etwa 10 cm, schwierig zu unterscheidende Geschlechter. Achtung: Dorn unter den Augen!
Becken/Wasser: 60x30x30 cm, Wassertyp 2-5, 24-30 °C.
Haltung: Mehrere Fische in dicht bepflanzten (Javamoospolster) und dunkel gehaltenen (Schwimmpflanzendecke) Becken pflegen. Weicher Bodengrund. Fütterung mit kleinerem Lebend-, Frost- und Trockenfutter.
Lebensweise: In pflanzenreichen Bächen und Stillgewässern Thailands. Nachtaktive Fische, die sich tagsüber verstecken. Im Aquarium zeigen sie sich auch tagsüber.
Vergesellschaftung: Barben und Labyrinthfische Asiens.

50 l

»Kadango Red« *Copadichromis borleyi »Kadango red«*
Familie: Buntbarsche, Cichliden *Cichlidae* (→ Seite 10).
Kennzeichen: 14 cm, Weibchen kleiner und farblos.
Becken/Wasser: 160x60x60 cm, Wassertyp 5-6, 25-27 °C.
Haltung: Ein Männchen mit mehreren Weibchen mit viel freiem Schwimmraum und einigen Felsen. Fütterung mit allen Futtersorten, wobei krebshaltiges Futter (*Cyclops*, *Artemia*, Garnelenmix) wichtig für die Farbgebung ist.
Lebensweise: Eine der wenigen Planktonfresser des Malawi-Sees, der eher in der Nähe von Felsenhabitaten lebt. Nicht paarbildender Maulbrüter im weiblichen Geschlecht.
Vergesellschaftung: Mit Freiwasser-, Sand- oder Höhlencichliden des Malawi-Sees. Nicht mit felsenbewohnenden Arten (Mbuna), z.B. *Pseudotropheus*.

600 l

Kaisersalmler *Nematobrycon palmeri*

Familie: Salmler aus der Familie *Characidae* (→ Seite 16).
Kennzeichen: 6 cm, Männchen bunter, Weibchen fülliger.
Becken/Wasser: 80x35x40 cm, Wassertyp 2-5, 23-26 °C.
Haltung: Gruppenfisch für locker bepflanzte, dunkel gehaltene Aquarien. Immer mehrere Männchen pflegen, da einzelne oft aggressiv gegen andere Aquarienbewohner werden können. Alle kleineren Futtersorten, Pflanzenkost.
Lebensweise: Stammt aus kolumbianischen Bächen und Flüssen. Die Männchen werden zeitweise ruppig, weil sie Balzreviere gegen anderen Männchen verteidigen.
Vergesellschaftung: Am besten mit lebhaften, aber nicht-territorialen Fischen (andere Salmler, Panzerwelse).
Ähnliche Art: *Nematobrycon lacortei*, 5 cm.

100 l

Kakadu-Zwergbuntbarsch *Apistogramma cacatuoides*

Familie: Buntbarsche, Cichliden *Cichlidae* (→ Seite 10).
Kennzeichen: 9 cm, Männchen größer und bunter.
Becken/Wasser: 100x40x40 cm, Wassertyp 2-4, 24-26 °C.
Haltung: Bepflanzte, dunkel gehaltene Aquarien mit einigen Höhlen (z.B. halbierte Kokosnussschalen). Ein Männchen mit mehreren Weibchen pflegen. Alle gängigen Futtersorten. Kleinkrebshaltiges Futter nicht vergessen.
Lebensweise: Flache Bereiche mit Falllaub in kleinen Fließ- und Restgewässern des peruanischen Amazonas (Klar- und Weißwasser). Haremsbildender Versteckbrüter.
Vergesellschaftung: Mit südamerikanischen Salmlern, die oberflächennah leben, und mit anderen Oberflächenfischen.
Ähnliche Art: *Apistogramma juruensis*, 8 cm.

150 l

Kap Lopez *Aphyosemion australe*

Familie: Prachtkärpfling, Familie *Aplocheilidae* (→ Seite 19).
Kennzeichen: 6 cm, Männchen bunter und größer.
Becken/Wasser: 60x30x30 cm, Wassertyp 2-4, 21-24 °C.
Haltung: In einem 60-cm-Becken etwa 3 Männchen mit 6-8 Weibchen halten. Dunkel eingerichtetes, teilweise dicht bepflanztes Becken mit kleinen Wurzelstückchen als Rückzugsmöglichkeiten. Fütterung mit kleinen Insekten und anderem kleinen Lebendfutter. Kein Trockenfutter.
Lebensweise: Insektenfresser, der in flachen, schattigen Bächen der Küstenniederung Gabuns im Regenwald lebt.
Vergesellschaftung: Mit kleinen afrikanischen Barben (z.B. *Barbus barilioides*) oder Leuchtaugenfischen.
Ähnliche Art: *Aphyosemion ahli*, 6 cm.

50 l

Kardinalfisch *Tanichthys albonubes*

auch: Arbeiterneon
Familie: Karpfenfische *Cyprinidae* (→ Seite 16).
Kennzeichen: 4 cm, Männchen intensiver gefärbt.
Becken/Wasser: 60x30x30 cm, Wassertyp 2-6, 18-22 °C.
Haltung: Anspruchsloser Schwarmfisch (mindestens 8-10 Tiere) für nicht allzu helle, locker bepflanzte Becken. Darf nicht zu warm gehalten werden, sonst verschwinden die schönen Farben und die Vitalität. Gängige Futtersorten.
Lebensweise: Bachbewohnender Gruppenfisch, der aus Bergbächen in der Nähe von Hongkong stammt und dort wahrscheinlich nach Insekten und deren Larven jagt.
Vergesellschaftung: Mit bodenbewohnenden Bachfischen Asiens, z.B. mit Bachschmerlen oder Flossensaugern.

50 l

Karfunkelsalmler *Hemigrammus pulcher*

Familie: Salmler aus der Familie *Characidae* (→ Seite 16).
Kennzeichen: 4,5 cm, Männchen weniger füllig.
Becken/Wasser: 60x30x30 cm, Wassertyp 1-2, 23-28 °C.
Haltung: An die Wasserwerte anspruchsvoller Salmler (am besten ist Torffilterung), dessen zart-reflektierende Pastellfarben lediglich in dunklen Becken mit teilweise dichter Bepflanzung zur Geltung kommen. Fütterung mit feinem Lebendfutter (z.B. Schwarze Mückenlarven), aber auch Frostfutter und Trockenfutter. Mindestens 6 Tiere halten.
Lebensweise: Wahrscheinlich aus Schwarzwasserbächen und Überschwemmungswald des peruanischen Amazonas.
Vergesellschaftung: Gute Gesellschaft für anspruchsvolle Weichwasserfische, z.B. *Dicrossus filamentosus*.

50 l

Keilfleckbärbling *Trigonostigma heteromorpha*

auch: *Rasbora heteromorpha*
Familie: Karpfenfische *Cyprinidae* (→ Seite 16).
Kennzeichen: Etwa 4,5 cm, Weibchen fülliger.
Becken/Wasser: 60x30x30 cm, Wassertyp 2-5, 23-28 °C.
Haltung: Dunkel eingerichtete und locker mit Cryptocorynen bepflanzte Schwarzwasserbecken (Torffilterung oder Zusatz von Torfextrakt). Nimmt alle kleineren Futtersorten, gern Schwarze Mückenlarven. Haltung nur im Schwarm ab 8-10 Fischen.
Lebensweise: Schwarmfisch der Schwarzwassersümpfe und -bäche Malaysias, wo er wahrscheinlich Insekten frisst.
Vergesellschaftung: Mit Labyrinthfischen, Schmerlen und schlankeren Bärblingen, z.B. Glühlichtbärblingen.

50 l

Keilfleckbuntbarsch *Uaru amphiacanthoides*
Familie: Buntbarsche, Cichliden *Cichlidae* (→ Seite 10).
Kennzeichen: 25 cm, Geschlechter schwer unterscheidbar.
Becken/Wasser: 200x60x60 cm, Wassertyp 1-3, 26-30 °C.
Haltung: Gruppenweise (mindestens 6 Tiere) in großen, dunkel gehaltenen Becken mit viel Totholz, an dem die Tiere nagen. Reichlich Grünfutter (Zucchini, Salat) und pflanzliches Trockenfutter. Starke Filterung.

700 l

Lebensweise: Vegetarisch lebender Buntbarsch holzreicher größerer Gewässer Amazoniens. Paarbildender Offenbrüter.
Vergesellschaftung: Hervorragender Gesellschafter für ruhige Großfische Südamerikas, z.B. große Harnischwelse, Scheibensalmler, in großen Becken auch für Gabelbärte.
Ähnliche Art: *Uaru fernandezyepezi*, 25 cm.

Keulensalmler *Hemiodopsis gracilis*
auch: Federsalmler, *Hemiodus gracilis*
Familie: Keulensalmler *Hemiodontidae* (→ Seite 16).
Kennzeichen: 18 cm, Weibchen etwas fülliger.
Becken/Wasser: 200x60x60 cm, Wassertyp 2-4, 24-28 °C.
Haltung: Im Schwarm von etwa 8 Tieren in großen, locker bepflanzten Becken mit viel Schwimmraum. Großblättrige Pflanzen geben Schutz. Fütterung abwechslungsreich mit verschiedenen Frostfuttersorten, auch Trockenfutter.

700 l

Lebensweise: Schreckhafter Schwarmfisch größerer Bäche und Flüsse weiter Teile Amazoniens.
Vergesellschaftung: Mit ruhigen Großcichliden (z.B. Diskus, Skalaren oder *Geophagus*) oder Zwergbuntbarschen, anderen nicht zu kleinen Salmlern und Welsen.

Kirschflecksalmler *Hyphessobrycon erythrostigma*
Familie: Salmler aus der Familie *Characidae* (→ Seite 16).
Kennzeichen: 8 cm, Männchen hochflossiger und schlanker.
Becken/Wasser: 100x50x50 cm, Wassertyp 2-4, 24-28 °C.
Haltung: Die prächtige Art kommt am besten als Schwarm in dunkel gehaltenen Becken mit großblättrigen Pflanzen (*Echinodorus*) und etwas Schwimmraum zur Geltung.

250 l

Nimmt alle gängigen Futtersorten; Kleinkrebse (*Cyclops*, *Artemia*) intensivieren die rote Farbgebung der Fische.
Lebensweise: Schwarzwasserbäche des oberen Amazonas in Brasilien. Frisst Insekten(-larven) und Kleinkrebse.
Vergesellschaftung: Ideal mit klassischen Schwarzwasserfischen, z.B. Hohen Skalaren oder *Apistogramma*.
Ähnliche Arten: *H. pyrrhonotus*, 6 cm; *H. socolofi*, 5 cm.

Kleiner Grüner Kugelfisch *Tetraodon biocellatus*

Familie: Kugelfische *Tetraodontidae* (→ Seite 20).
Kennzeichen: 6 cm, Geschlechtsunterschiede schwer festzustellen. Diese kleine Art unterscheidet sich von den anderen wesentlich größer werdenden Grünen Kugelfischen *T. fluviatilis* und *T. nigroviridis* durch zwei schwarze Augenflecke an der Rückenflossenbasis.
Becken/Wasser: 60x30x30 cm, Wassertyp 4-6, 24-28 °C.
Haltung: Einzelhaltung in kleinen Becken. Strukturreiche Einrichtung. Frisst nur Lebendfutter (auch Schnecken).
Lebensweise: Reine Süßwasserart Südostasiens.
Vergesellschaftung: Am besten im Artbecken halten, eventuell mit schnell schwimmenden Arten, z.B. robusten Barben, die nicht von den Kugelfischen belästigt werden.

50 l

Kleinschuppiger Schützenfisch *Toxotes microlepis*

Familie: Schützenfische *Toxotidae* (→ Seite 12).
Kennzeichen: 17 cm, Geschlechter schwer zu unterscheiden. Unterscheidet sich durch kleinere Schuppen und eine teilweise gelbliche Grundfarbe von anderen *Toxotes*-Arten.
Becken/Wasser: 200x70x70 cm, Wassertyp 5-7, 26-29 °C.
Haltung: Gruppenweise in großen Becken mit Wurzeln, abgesenktem Wasserspiegel und ausreichend Schwimmraum. Mit kräftigem Frostfutter und großen Insekten füttern.
Lebensweise: Nicht wie andere Schützenfisch-Arten ein Brackwasserfisch, sondern ein Bewohner südostasiatischer Flüsse. Schießt mit »Spucke« Insekten von Ästen herunter.
Vergesellschaftung: Mit robusten asiatischen Fischen.
Ähnliche Arten: *Toxotes jaculatrix*, *T. chatareus*, 30 cm.

1000 l

Knurrender Zwerggurami *Trichopsis pumila*

auch: *Trichopsis pumilus*
Familie: Guramis, Familie *Osphronemidae* (→ Seite 15).
Kennzeichen: 4 cm, Männchen mit spitzer Rückenflosse.
Becken/Wasser: 60x30x30 cm, Wassertyp 2-6, 23-27 °C.
Haltung: Paarweise oder in kleinen Gruppen in dicht bepflanzten Becken mit Schwimmpflanzen und Unterständen unter Wurzeln. Nimmt feines Lebend- und Trockenfutter.
Lebensweise: Männchen bilden Reviere und lassen deutlich hörbares »Knurren« hören. Lebt in verkrauteten Tümpeln oder Kanälen des südostasiatischen Festlandes.
Vergesellschaftung: Mit kleinsten anderen Fischen, z.B Saigon-Zwergbärblingen, *Boraras urophthalmoides*.
Ähnliche Art: Knurrender Gurami, *T. vittata*, 7 cm.

50 l

Kobaltorange-Buntbarsch *Melanochromis johannii*

auch: »Johanni«
Familie: Buntbarsche, Cichliden *Cichlidae* (→ Seite 10).
Kennzeichen: 12 cm, Männchen blau-schwarz gestreift.
Becken/Wasser: 100x50x50 cm, Wassertyp 5-6, 25-27 °C.
Haltung: Felsenaufbauten, die so gestaltet sind, dass sie von den Fischen durchschwommen werden können. Nimmt pflanzliches Flockenfutter und krebshaltiges Frostfutter. Ein oder viele Männchen mit mehreren Weibchen halten.
Lebensweise: Felsenbewohnender Malawi-Cichlide (Mbuna), der nur aus einem eng umgrenzten Gebiet des Sees vorkommt. Frisst Algen, Kleintiere und auch Plankton. Nicht paarbildender Maulbrüter im weiblichen Geschlecht.
Vergesellschaftung: Mit anderen Malawi-Felsencichliden.

250 l

Kofferkugelfisch *Tetraodon miurus*

Familie: Kugelfische *Tetraodontidae* (→ Seite 20).
Kennzeichen: 16 cm, Geschlechter schwer unterscheidbar.
Becken/Wasser: 120x50x50 cm, Wassertyp 3-6, 24-28 °C.
Haltung: Einzeln in Becken mit hoher Feinkiesauflage und Strömung. Fütterung mit lebendigen kleinen Futterfischen, anderes Lebendfutter wird nur zögernd angenommen.
Lebensweise: Lauerräuber, der mit seinem oberständigen Maul eingegraben auf Fische als Nahrung wartet, die in der oft starken Strömung des Kongo und seiner Nebenflüsse vorbeischwimmen. Oft sind nur die lebhaft beobachtenden Augen des eingegrabenen Fisches erkennbar.
Vergesellschaftung: Nur mit großen Fischen der oberen Beckenregionen, z.B. Geradsalmern oder Großcichliden.

300 l

Kongo-Zwergmaulbrüter *Pseudocrenilabrus nicholsi*

auch: Prachtzwergmaulbrüter, *Pseudocrenilabrus ventralis*
Familie: Buntbarsche, Cichliden *Cichlidae* (→ Seite 10).
Kennzeichen: 8 cm, Weibchen farbloser und kleiner.
Becken/Wasser: 80x35x40 cm, Wassertyp 2-5, 24-27 °C.
Haltung: Ein Männchen mit mehreren Weibchen in teilweise dicht bepflanzten Becken. Abwechslungsreiche Fütterung mit Kleinkrebsen (*Artemia*, *Cyclops*) und Trockenfutter.
Lebensweise: Bewohner ruhiger, oft mit Uferpflanzen zugewachsener Fluss- und Bachabschnitte des oberen Kongo. Nicht paarbildender Maulbrüter im weiblichen Geschlecht.
Vergesellschaftung: Mit afrikanischen Salmlern (z.B. Kongosalmlern) und Zwergbuntbarschen (z.B. *Nanochromis*).
Ähnliche Art: Kupfermaulbrüter, *P. philander*, 11 cm.

100 l

Königssalmler *Inpaichthys kerri*

Familie: Salmler aus der Familie *Characidae* (→ Seite 16).
Kennzeichen: 4,5 cm, Weibchen kleiner und blasser.
Becken/Wasser: 60x30x30 cm, Wassertyp 2-4, 23-26 °C.
Haltung: Eine Gruppe von wenigen Männchen und mehreren Weibchen in nicht zu grell beleuchteten Becken mit lockerer Bepflanzung. Nimmt alle kleineren Futtersorten.

50 l

Lebensweise: Gruppenfisch, der bisher nur aus Bächen im Aripuana-Flusssystem in Brasilien bekannt wurde. Die Männchen bilden vorübergehend Balzreviere aus, die sie gegen andere Männchen verteidigen.
Vergesellschaftung: Mit kleinen anderen Salmlern, Panzer- und kleinen Harnischwelsen. In größeren Becken auch mit Zwergbuntbarschen.

Kuckuckswels *Synodontis multipunctatus*

auch: Tanganjika-Fiederbartwels
Familie: Fiederbartwelse *Mochokidae* (→ Seite 9).
Kennzeichen: 12 cm, Geschlechter schwer unterscheidbar.
Becken/Wasser: 160x60x60 cm, Wassertyp 5-6, 25-27 °C.
Haltung: Geräumige Aquarien mit durchschwimmbaren Felsaufbauten. Abwechslungsreiche Fütterung mit Frost- und Trockenfutter. Mindestens 4-5 Tiere halten.

600 l

Lebensweise: Gesellige Fische des Tanganjika-Sees, wo sie wahrscheinlich Insektenlarven fressen. Sie schieben maulbrütenden Buntbarschen beim Laichakt ihre Eier unter.
Vergesellschaftung: Mit maulbrütenden Buntbarschen des Tanganjika-Sees, z.B. *Cyathopharynx*, *Tropheus*.
Ähnliche Art: *Synodontis petricola*, 12 cm.

Kupfersalmler *Hasemania nana*

auch: *Hemigrammus nanus*
Familie: Salmler aus der Familie *Characidae* (→ Seite 16).
Kennzeichen: 5 cm, Weibchen blasser und fülliger.
Becken/Wasser: 60x30x30 cm, Wassertyp 2-6, 23-27 °C.
Haltung: Mindestens 6-8 Fische in dunkel eingerichtetem und locker bepflanztem Aquarium halten. Dennoch für

50 l

ausreichend Schwimmraum im Vordergrund sorgen. Nimmt alle kleineren Futtersorten.
Lebensweise: Schwarmfisch der Schwarzwasserbäche des östlichen Brasiliens außerhalb Amazoniens.
Vergesellschaftung: Mit Zwergbuntbarschen, kleinen Panzer- und Harnischwelsen sowie kleinen Salmlern, die die obere Beckenregionen bevorzugen (z.B. Spritzsalmler).

Küssender Gurami *Helostoma temminckii*

Familie: Küssende Guramis *Helostomatidae* (→ Seite 15).
Kennzeichen: 25 cm, Geschlechter schwer zu unterscheiden.
Becken/Wasser: 250x60x60 cm, Wassertyp 3-5, 24-29 °C.
Haltung: Ausschließlich in großen, gut beleuchteten und locker bepflanzten Becken. Mit zerriebenem hochwertigem Trockenfutter (auch Grünflocken) füttern.

900 l

Lebensweise: Geselliger Fisch, der in Gruppen in stehenden oder langsam fließenden Gewässern Südostasiens lebt. Ernährt sich von feinsten Futterpartikeln. Das »Küssen« scheint ein ritualisiertes Kampfverhalten zu sein, bei dem die Kontrahenten sich hin- und herschieben.
Vergesellschaftung: Mit ruhigen, nicht aggressiven Fischen aller Art, z.B. Welsen und Schmerlen.

Labidochromis sp. »yellow«

auch: *Labidochromis caeruleus »yellow«*
Familie: Buntbarsche, Cichliden *Cichlidae* (→ Seite 10).
Kennzeichen: 10 cm, Geschlechter schwer unterscheidbar.
Becken/Wasser: 100x50x50 cm, Wassertyp 5-6, 25-27 °C.
Haltung: Ein oder viele Männchen mit mehreren Weibchen in mit Felsen eingerichteten Becken. Die Felsaufbauten so

250 l

gestalten, dass alle Höhlen durchschwommen werden können. Alle Futtersorten, vor allem kleinkrebshaltiges Futter.
Lebensweise: In 15 bis 20 m Tiefe eines engen umgrenzten felsigen Bereiches im Malawi-See. Frisst Insektenlarven. Nicht paarbildender Maulbrüter im weiblichen Geschlecht.
Vergesellschaftung: Mit anderen felsenbewohnenden Buntbarschen des Malawi-Sees, z.B. *Pseudotropheus*-Arten.

Lachsroter Regenbogenfisch *Glossolepis incisus*

Familie: Regenbogenfische *Melanotaeniidae* (→ Seite 18).
Kennzeichen: 15 cm, Männchen rot, im Alter hochrückig.
Becken/Wasser: 150x60x60 cm, Wassertyp 4-6, 22-25 °C.
Haltung: Große, hell beleuchtete Becken mit lockerer Bepflanzung, freiem Schwimmraum und Javamoospolstern.
Lebensweise: Lebt in Schwärmen in der Nähe dichten

550 l

Pflanzenwuchses im Sentani-See im indonesischen Teil Neuguineas (Irian Jaya). Fütterung mit feinem bis mittlerem Lebend- und Trockenfutter. Niedrigere Temperaturen (22 °C) fördern die Rotfärbung der Männchen.
Vergesellschaftung: Größere Grundeln, aber auch Barben, Salmler, friedliche Buntbarsche und Welse.
Ähnliche Art: *Glossolepis wanamensis*, 13 cm.

Langflossensalmler *Brycinus longipinnis*

auch: *Alestes longipinnis*
Familie: Echte Afrikanische Salmler *Alestiidae* (→ Seite 16).
Kennzeichen: 13 cm, Männchen schlanker und farbiger.
Becken/Wasser: 150x50x50 cm, Wassertyp 2-5, 24-29 °C.
Haltung: Mindestens 6 Fische in einem hellen Becken mit freiem Schwimmraum. Kräftiges Lebend- und Frostfutter (Mückenlarven, Insekten), auch Trockenfutter. Strömung.
Lebensweise: Lebhafter Schwarmfisch der Regenwaldbäche Westafrikas. Lebt hauptsächlich von anfliegenden Insekten.
Vergesellschaftung: West- und zentralafrikanische Buntbarsche (z.B. *Pelvicachromis*-Arten, *Anomalochromis*), Hechtlinge (z.B. *Epiplatys sexfasciatus*, *E. dageti*), Fiederbartwelse (z.B. *Synodontis nigriventris*).

400 l

Leopardbuschfisch *Ctenopoma acutirostre*

Familie: Kletterfische *Anabantidae* (→ Seite 16).
Kennzeichen: 15 cm, Männchen mit Dornen hinter Augen.
Becken/Wasser: 120x50x50 cm, Wassertyp 2-5, 25-28 °C.
Haltung: Gruppenweise Haltung in geräumigen Becken mit Wurzelverhau und teilweise dichter Bepflanzung mit großblättrigen Pflanzen. Fütterung mit lebenden und toten Fischen, großen Insekten und auch Cichliden-Sticks.
Lebensweise: Lauerräuber, die zwischen Holzverstecken in Flüssen und Seen des Kongobeckens jagen. Sie haben ein vorstülpbares Maul zum plötzlichen Einsaugen der Beute.
Vergesellschaftung: Nur mit größeren Arten, z.B. Kongosalmlern oder größeren Fiederbartwelsen, halten.
Ähnliche Art: *Ctenopoma kingsleyae*, 25 cm.

300 l

Leopard-Panzerwels *Corydoras trilineatus*

auch: *Corydoras julii*
Familie: Schwielenwelse *Callichthyidae* (→ Seite 9).
Kennzeichen: 6 cm, Weibchen fülliger.
Becken/Wasser: 60x30x30 cm, Wassertyp 2-5, 25-28 °C.
Haltung: Gruppenweise Haltung in Becken mit teilweise sandigem Bodengrund, lockerer Bepflanzung und Struktur, die sie zum Rasten aufsuchen. Fütterung mit feinem Lebend-, Frost- und Trockenfutter. Gezielt füttern!
Lebensweise: Gesellige Tiere weichgründiger Gewässerbereiche des peruanischen Amazonasgebietes.
Vergesellschaftung: Ideale Gesellschaft für südamerikanische Fische der mittleren und oberen Beckenregionen. In kleinen Becken nicht mit Buntbarschen.

50 l

Leuchtaugenkärpfling *Priapella intermedia*

Familie: Lebendgeb. Zahnkarpfen der *Poeciliidae* (→ S. 19).
Kennzeichen: 7 cm, Männchen mit Begattungsorgan.
Becken/Wasser: 100x40x40 cm, Wassertyp 5-6, 25-28 °C.
Haltung: Becken mit guter Strömung sowie ausreichend Schwimmraum und lockerer Randbepflanzung. Fütterung mit hochwertigem Trockenfutter, Schwarzen Mückenlarven und kleinen Insekten. Gute Wasserpflege besonders wichtig. Dichte Abdeckung, da sehr springfreudig.
Lebensweise: Quirliger Schwarmfisch, der oberflächennah in schnell fließenden Gewässern Mexikos Insekten jagt.
Vergesellschaftung: Idealer Gesellschaftsfisch für kleine mittelamerikanische Buntbarsche, z.B. *Cryptoheros*-Arten.
Ähnliche Art: Messerkärpfling, *Alfaro cultratus*, 8 cm.

150 l

»Macmasteri« *Apistogramma macmasteri*

auch: Villavicencio-Zwergbuntbarsch
Familie: Buntbarsche, Cichliden *Cichlidae* (→ Seite 10).
Kennzeichen: 7 cm, Männchen größer und bunter.
Becken/Wasser: 100x40x40 cm, Wassertyp 2-3, 23-26 °C.
Haltung: Teilweise dicht bepflanzte, dunkel gehaltene Becken mit Sand- oder Feinkiesboden und einigen kleinen Höhlen. Fütterung mit allen kleineren Futtersorten, besonders Kleinkrebsen. Ein Männchen mit mehreren Weibchen.
Lebensweise: Im Schwarzwasser an flachen, sandigen Flussufern kolumbianischer Flüsse mit Laub- und Holzeinlagerungen. Haremsbildender Versteckbrüter.
Vergesellschaftung: Mit südamerikanischen oberflächennah lebenden Salmlern und Cichliden, z.B. Skalaren.

150 l

Madagaskar-Ährenfisch *Bedotia geayi*

Familie: Madagaskar-Ährenfische *Bedotiidae* (→ Seite 18).
Kennzeichen: 15 cm, Männchen größer und bunter. Die schönen Farben kommen nur bei Starklicht zum Vorschein.
Becken/Wasser: 150x50x50 cm, Wassertyp 4-6, 21-24 °C.
Haltung: Schwarmfisch für große, hell beleuchtete Becken mit nur lockerer Randbepflanzung, teilweise steinigem Untergrund und guter Strömung. Fütterung mit pflanzlicher Nahrung, aber auch kräftigem Frost- und Lebendfutter.
Lebensweise: In kleinen Schwärmen lebender, wendiger Schwimmer aus den klaren Bergbächen Madagaskars.
Vergesellschaftung: Mit allen mittelgroßen Fischen der Bodenregion, z.B. Gebirgsharnischwelsen (*Chaetostoma*) oder mittelamerikanischen *Cichliden* (z.B. *Cryptoheros*).

400 l

Malabarbärbling *Devario aequipinnatus*
auch: *Danio aequipinnatus*
Familie: Karpfenfische *Cyprinidae* (→ Seite 16).
Kennzeichen: 10 cm, Weibchen fülliger.
Becken/Wasser: 120x40x50 cm, Wassertyp 2-6, 24-27 °C.
Haltung: Art für den oberflächennahen Bereich heller und großer Becken mit ausreichend Schwimmraum. Fütterung mit allen gängigen Futtersorten, besonders gern kleine anfliegende Insekten. Mindestens 6-8 Tiere halten.
Lebensweise: Geselliger, strömungsliebender Bach- und Flussfisch Vorderindiens und Sri Lankas. Frisst Insekten.
Vergesellschaftung: Ideal mit bodenbewohnenden Bachfischen Asiens, z.B. mit Bachschmerlen (*Schistura*, *Nemacheilus*) oder Flossensaugern (*Gastromyzon*).

250 l

Marakeli *Paratilapia bleekeri*
Familie: Buntbarsche, Cichliden *Cichlidae* (→ Seite 10).
Kennzeichen: 30 cm, alte Männchen mit Stirnhöcker.
Becken/Wasser: 250x60x60 cm, Wassertyp 4-6, 23-28 °C.
Haltung: Gruppenhaltung von etwa 8 Tieren in Großbecken. In kleinen Becken ohne Gruppenhaltung oft aggressiv. Fütterung mit kräftigem Lebend- und Trockenfutter. Einrichtung mit Wurzeln, so dass Unterstände entstehen.
Lebensweise: Im Totholzverhau ruhiger Gewässer. Frisst Insekten, Fische und Krebse. Paarbildender Offenbrüter.
Vergesellschaftung: Mit großen Harnischwelsen, anderen madagassischen Großcichliden und Großsalmlern.
Ähnliche Art: Fiamanga, *Paratilapia polleni*, 30 cm – unterscheidet sich vom Marakeli durch kleinere Flecken.

900 l

Marmorbeilbauch *Carnegiella strigata*
Familie: Beilbauchsalmler *Gasteropelecidae* (→ Seite 16).
Kennzeichen: 4 cm, schwer bis gar nicht zu erkennende Geschlechtsunterschiede, Weibchen eventuell fülliger.
Becken/Wasser: 60x30x30 cm, Wassertyp 1-4, 26-30 °C.
Haltung: In Gruppen lebender Oberflächenfisch (mindestens 6 Tiere pflegen), der zur optimalen Haltung Insektenfutter (Fruchtfliegen, Schwarze Mückenlarven) benötigt. Nimmt zur Not auch Trockenfutter. Mag leichte Strömung.
Lebensweise: Reiner Oberflächenfisch aus Still- und Fließgewässern (Schwarzwasser) des nördlichen Südamerika.
Vergesellschaftung: Mit allen kleineren und nicht allzu lebhaften Fischen der mittleren und unteren Regionen mit ähnlichen Wasseransprüchen: Welse, Buntbarsche, Salmler.

50 l

Marmorierter Panzerwels *Corydoras paleatus*

Familie: Schwielenwelse *Callichthyidae* (→ Seite 9).
Kennzeichen: 7 cm, Weibchen fülliger.
Becken/Wasser: 80x35x40 cm, Wassertyp 2-6, 18-23 °C.
Haltung: Gruppenweise Haltung in Becken mit teilweise sandigem Bodengrund, lockerer Bepflanzung und Struktur, die sie zum Rasten aufsuchen. Fütterung mit feinem Lebend-, Frost- und Trockenfutter. Schätzt besonders gefrorene *Cyclops* und nicht zu hohe Temperaturen.
Lebensweise: Gesellige Tiere sandiger Gewässerbereiche mittelgroßer Flüsse des La-Plata-Beckens, Südamerika.
Vergesellschaftung: Ideale Gesellschaft für nicht allzu wärmeliebende südamerikanische Fische der mittleren und oberen Beckenregionen.

100 l

Maronibuntbarsch *Cleithracara maronii*

auch: *Aequidens maronii*
Familie: Buntbarsche, Cichliden *Cichlidae* (→ Seite 10).
Kennzeichen: 9 cm, Männchen größer, längere Flossen.
Becken/Wasser: 80x35x40 cm, Wassertyp 2-4, 26-28 °C.
Haltung: Paarweise in dicht bepflanzten Becken mit einigen Wurzeln und ein paar kleineren Steinen, die offen liegen. Fütterung mit allen kleineren Futtersorten.
Lebensweise: In kleinen, klaren Bächen mit Falllaub und geringer Strömung im nordöstlichen Südamerika. Ernährt sich von Insektenlarven. Paarbildender Offenbrüter.
Vergesellschaftung: Ruhige Art, die in Gesellschaft anderer Cichliden untergeht. Besser mit Salmlern oder sehr ruhigen Cichliden, z.B. Skalaren oder Diskusfischen, pflegen.

100 l

Mausschmerle *Botia morleti*

Familie: Schmerlen *Cobitidae* (→ Seite 17).
Kennzeichen: 7 cm, Geschlechter schwer unterscheidbar. Achtung beim Herausfangen: kleiner Dorn unter dem Auge!
Becken/Wasser: 80x35x40 cm, Wassertyp 2-5, 25-30 °C.
Haltung: Am besten in größeren Gruppen von etwa 5-6 Tieren in Aquarien mit Unterständen aus Steinplatten und Wurzeln. Fütterung mit Lebend-, Frost- und manchmal Trockenfutter; wenn möglich auch mit kleinen Schnecken.
Lebensweise: Häufiger Fisch in mittleren und größeren Flüssen Thailands und Malaysias. Ernährt sich vor allem von Schnecken und Insektenlarven. Gräbt Unterstände.
Vergesellschaftung: Guter Gesellschaftsfisch für mittelgroße Fische, z.B. Barben und Labyrinthfische.

100 l

Metallpanzerwels *Corydoras aeneus*

Familie: Schwielenwelse *Callichthyidae* (→ Seite 9).
Kennzeichen: 6 cm, Weibchen fülliger.
Becken/Wasser: 60x30x30 cm, Wassertyp 2-6, 25-28 °C.
Haltung: Gruppenweise Haltung in Becken mit teilweise sandigem Bodengrund, lockerer Bepflanzung und Struktur, die sie zum Rasten aufsuchen. Fütterung mit feinem Lebend-, Frost- und Trockenfutter. Gezielt füttern!
Lebensweise: Gesellige Tiere weichgründiger Gewässerbereiche weiter Gebiete Südamerikas.
Vergesellschaftung: Ideale Gesellschaft für südamerikanische Fische der mittleren und oberen Beckenregionen. In kleinen Becken nicht mit Buntbarschen zusammen halten.
Ähnliche Art: *Corydoras rabauti*, 6 cm.

50 l

Midas-Cichlide *Amphilophus citrinellus*

auch: Zitronenbuntbarsch, *Cichlasoma citrinellum*
Familie: Buntbarsche, Cichliden *Cichlidae* (→ Seite 10).
Kennzeichen: 28 cm, Männchen größer, oft mit Stirnbuckel.
Becken/Wasser: 300x70x60 cm, Wassertyp 5-6, 24-28 °C.
Haltung: Gruppenweise (mindestens 8 Tiere) in unbepflanzten, nur wenig strukturierten Becken mit Sand- oder Feinkiesboden. Fütterung mit Frostfutter und Pelletfutter mit Krebstieranteilen (z.B. Garnelenmix).
Lebensweise: Außerhalb der Laichzeit auf offenen Flächen der nicaraguanischen Seen. Paarbildende Versteckbrüter, die ihre Nahrung aus dem Sand heraussieben.
Vergesellschaftung: Mit anderen mittelamerikanischen Cichliden, z.B. *Cryptoheros nigrofasciatum*.

1200 l

Mimagoniates microlepis

auch: *Coelurichthys microlepis*
Familie: Salmler aus der Familie *Characidae* (→ Seite 16).
Kennzeichen: 9 cm, Männchen intensiver gefärbt.
Becken/Wasser: 100x40x40 cm, Wassertyp 2-5, 24-26 °C.
Haltung: Schwimmfreudiger Schwarmfisch, der gut durchströmte, nicht zu helle Becken mit lockerer Randbepflanzung schätzt. Fütterung mit kleinen Insekten (Obstfliegen) und Schwarzen Mückenlarven, außerdem Trockenfutter. 2-3 Männchen mit 6 oder mehr Weibchen pflegen.
Lebensweise: Quirliger Fisch klarer Bäche Ostbrasiliens.
Vergesellschaftung: Mit strömungsliebenden Bachfischen Südamerikas, z.B. Pandawelsen, *Corydoras panda*.
Ähnliche Art: Baberos-Tetra, *Mimagoniates lateralis*, 5 cm.

150 l

Minihai *Ariopsis seemanni*
auch: *Arius seemanni*
Familie: Kreuzwelse *Ariidae* (→ Seite 9).
Kennzeichen: 45 cm, Geschlechter schwer unterscheidbar.
Becken/Wasser: 320x70x70 cm, Wassertyp 6-7, 23-27 °C.
Haltung: Brackwasserfisch, der nur vorübergehend in reinem Süßwasser gehalten werden sollte. Einrichtung mit viel freiem Schwimmraum und wenig Struktur. Kräftige Fütterung mit Garnelen, Fischfleisch. Starke Filterung.
Lebensweise: Unruhiger Schwimmer der Unterläufe der großen Flüsse, die in Mittelamerika und Südamerika in den Pazifik münden. Schnellwüchsiger Allesfresser.
Vergesellschaftung: Nur mit Brackwasserfischen, z.B. Argusfischen, Silberflossenblättern oder Schützenfischen.

1500 l

Mondschein-Fadenfisch *Trichogaster microlepis*
Familie: Fadenfische, Familie *Osphronemidae* (→ Seite 15).
Kennzeichen: 15 cm, Weibchen fülliger und kurzflossiger.
Becken/Wasser: 120x50x50 cm, Wassertyp 2-6, 24-28 °C.
Haltung: Strömungsfreie Becken mit Pflanzenwuchs, einer Schwimmpflanzendecke sowie einigen Wurzeln, die den freien Schwimmraum an der Oberfläche aufteilen. Paaroder in größeren Becken Gruppenhaltung. Ernährung mit Trockenfutter und ab und zu Lebendfutter ausreichend.
Lebensweise: Stammt aus flachen, langsam fließenden oder stehenden Gewässern Thailands und Myanmars, wo die Art Wasserflöhe, andere Kleinkrebse und Insektenlarven sucht.
Vergesellschaftung: Mit ruhigen Fischen, die nicht zu revierbildend sind. z.B. *Rasbora*-Arten und Schmerlen.

300 l

»Moori« *Tropheus moorii*
auch: Brabantbuntbarsch, Eierkohle
Familie: Buntbarsche, Cichliden *Cichlidae* (→ Seite 10).
Kennzeichen: Ca. 13 cm, Geschlecht schwer unterscheidbar.
Becken/Wasser: 150x60x60 cm, Wassertyp 5-6, 25-27 °C.
Haltung: Wenige Männchen mit vielen Weibchen in stark beleuchteten Becken. Ausschließliche Fütterung mit ballaststoffreichem Futter, z.B. Futtermischungen auf *Spirulina*-algen-Garnelen-Basis. Fütterung mit Roten Mückenlarven und zu proteinreicher Nahrung führt zum Tod!
Lebensweise: Flachwasser im Felsenbereich des Tanganjika-Sees. Algenfresser. Nicht paarbildender Maulbrüter.
Vergesellschaftung: Zusammen mit *Tropheus duboisi*. Nie mit Fischen, die ballaststoffarme Ernährung benötigen!

550 l

Mosaikfadenfisch *Trichogaster leerii*
Familie: Fadenfische, Familie *Osphronemidae* (→ Seite 15).
Kennzeichen: 12 cm, Männchen mit orange-roter Brust.
Becken/Wasser: 100x40x40 cm, Wassertyp 2-4, 25-29 °C.
Haltung: Dunkel gehaltene Becken mit Schwimmpflanzendecke und strukturreicher Einrichtung durch Wurzeln. Fütterung mit verschiedenem Lebend-, Frost und Trockenfutter. Torffilterung empfehlenswert. Keine Strömung.
Lebensweise: Gruppenfisch der flachen Zonen warmer und stiller Bereiche der Flüsse und Seen Indonesiens. Oft im Schwarzwasser. Zur Laichzeit Männchen aggressiv!
Vergesellschaftung: Mit anderen Schwarzwasserfischen Südostasiens, z.B. Barben (Fünfgürtelbarben), Bärblingen (Glühlichtbärblingen) und Schmerlen (z.B. Dornaugen).

150 l

Moskito-Rasbora *Boraras brigittae*
auch: *Rasbora urophtalma brigittae, Rasbora brigittae*
Familie: Karpfenfische *Cyprinidae* (→ Seite 16).
Kennzeichen: 2 cm, Männchen bunter und schlanker.
Becken/Wasser: 60x30x30 cm, Wassertyp 1-2, 26-29 °C.
Haltung: Im Schwarm in dicht bepflanzten, ansonsten aber nicht notwendigerweise eingerichteten Becken. Fütterung mit feinem Lebendfutter (*Artemia*, kleine Schwarze Mückenlarven), aber auch hochwertigem Trockenfutter.
Lebensweise: Geselliger Fisch, der in den Schwarzwassersümpfen und -bächen Südborneos zuhause ist.
Vergesellschaftung: Wegen der Zartheit die Art nur vorsichtig vergesellschaften: mit kleineren Arten, die auch Schwarzwasserbedingungen mögen, z.B. Dornaugen.

50 l

Mühlstein-Scheibensalmler *Metynnis hypsauchen*
auch: Silberdollar, *Metynnis schreitmuelleri*
Familie: Salmler der Familie *Characidae* (→ Seite 16).
Kennzeichen: 15 cm, Männchen etwas fülliger.
Becken/Wasser: 150x50x50 cm, Wassertyp 2-5, 24-28 °C.
Haltung: Auffälliger Salmler für große unbepflanzte Becken, die einerseits freien Schwimmraum, andererseits Unterstände aus Wurzeln als Rastplätze bieten. Fütterung mit Grünfutter und Trockenfutter auf pflanzlicher Basis.
Lebensweise: Schwarmfisch (mindestens 6 Tiere pflegen) großer Flüsse und Seen Südamerikas. Pflanzenfresser, der z.B. ins Wasser hängendes Gras frisst.
Vergesellschaftung: In großen Becken mit ruhigen Großcichliden (z.B. *Geophagus*) und Welsen (z.B. *Sorubim*).

400 l

Nadelwels *Farlowella sp.*

Familie: Harnischwelse *Loricariidae* (→ Seite 9).
Kennzeichen: 15-25 cm (je nach Art), Männchen mit Bart.
Becken/Wasser: 80x35x40 cm, Wassertyp 2-5, 25-28 °C.
Haltung: Paarweise in wurzelreichen Becken. Mehrere Männchen verdrängen sich vom Futter, der unterlegene geht ein. Fütterung täglich mit Pflanzenfutter, Futtertabletten und tierischem Frostfutter (z.B. *Cyclops*).
Lebensweise: Leben an Ästchen und Stöckchen, die im Uferbereich amazonischer Bäche und Flüsse liegen. Durch ihre Körperform sind sie hervorragend getarnt. Fressen Algen und kleine im Algenteppich lebende Futtertiere.
Vergesellschaftung: Nur mit sehr kleinen Beifischen, die nicht als Nahrungskonkurrenz auftreten, z.B. Neons.

100 l

Neonfisch *Paracheirodon innesi*

Familie: Salmler aus der Familie *Characidae* (→ Seite 16).
Kennzeichen: 4 cm, Weibchen fülliger.
Becken/Wasser: 60x30x30 cm, Wassertyp 1-5, 20-24 °C.
Haltung: Schwarmfisch, wovon man mindestens 15-20 Tiere in Becken mit gedämpfter Beleuchtung pflegen sollte. Dem natürlichen Lebensraum entsprechend kann man einzelne braune Laubblätter (z.B. der Rotbuche) in das ansonsten mit Wurzeln und Pflanzen dekorierte Becken einbringen. Fütterung mit allen kleinen Futtersorten.
Lebensweise: Schwarmfisch der Oberläufe kleiner Klarwasserbäche des peruanischen Regenwaldes.
Vergesellschaftung: Andere südamerikanische Kleinfische, die kühlere Temperaturen bevorzugen.

50 l

Neon-Kärpflingscichlide
Paracyprichromis nigripinnis »Neon«

Familie: Buntbarsche, Cichliden *Cichlidae* (→ Seite 10).
Kennzeichen: 11 cm, Männchen mit intensiveren Farben.
Becken/Wasser: 100x50x50 cm, Wassertyp 5-6, 25-27 °C.
Haltung: Gruppenweise in Becken, die mindestens einen dunklen Teil (z.B. durch überhängenden Felsaufbau) aufweisen, sonst bleibt die Art blass. Abwechslungsreiche Fütterung mit kleinkrebshaltigem Frost- und Lebendfutter.
Lebensweise: Lebt frei schwimmend in der Nähe dunkler felsiger Bereiche im Tanganjika-See.
Vergesellschaftung: Nicht mit den aggressiveren *Cyprichromis*-Arten zusammen halten.
Ähnliche Art: *Paracyprichromis brieni,* 11 cm.

250 l

Nicaragua-Traumbarsch *Hypsophrys nicaraguense*

auch: *Cichlasoma nicaraguense, Copora nicaraguense*
Familie: Buntbarsche, Cichliden *Cichlidae* (→ Seite 10).
Kennzeichen: 25 cm, Weibchen bleiben wesentlich kleiner.
Becken/Wasser: 150x60x60 cm, Wassertyp 5-6, 24-27 °C.
Haltung: Paarweise in geräumigen Becken mit Sand- oder Kiesboden und einer großen Höhle und weiteren Versteckmöglichkeiten. Nimmt alle gängigen Futtersorten.
Lebensweise: Übergangszone zwischen Sandbereich und Felsen, meist in Seen Nicaraguas und Costa Ricas. Jungtiere fressen Insektenlarven, Adulte auch pflanzliche Nahrung. Paarbildender Versteckbrüter.
Vergesellschaftung: Mit anderen mittelamerikanischen *Cichliden*, z.B. *Cryptoheros* oder *Vieja*.

550 l

Odessabarbe *Puntius sp.*

auch: Rubinbarbe, fälschlich *P. ticto*
Familie: Karpfenfische *Cyprinidae* (→ Seite 16).
Kennzeichen: 7 cm, Männchen bunter, Weibchen fülliger.
Becken/Wasser: 100x40x40 cm, Wassertyp 2-6, 22-25 °C.
Haltung: Herrlicher Schwarmfisch für Becken mit leichter Strömung, lockerer Bepflanzung mit Cryptocorynen und teilweise sandigem, teilweise kiesigem Bodengrund. Fütterung mit gängigen Futtersorten und Pflanzenfutter.
Lebensweise: Die gesellige und lebhafte Art stammt wahrscheinlich aus Myanmar (Burma). Genaue Herkunft nach wie vor unbekannt, wahrscheinlich ein Bachfisch.
Vergesellschaftung: Beispielsweise Schmerlen und Danios.
Ähnliche Art: Zweipunktbarbe, *P. ticto*, 9 cm.

150 l

Orange-Buschfisch *Microctenopoma ansorgii*

auch: *Ctenopoma ansorgii*
Familie: Kletterfische *Anabantidae* (→ Seite 15).
Kennzeichen: 7 cm, Männchen mit weißen Flossensäumen.
Becken/Wasser: 60x30x30 cm, Wassertyp 2-4, 23-27 °C
Haltung: Paarweise in dicht bepflanzten, versteckreichen und dunkel gehaltenen Aquarien. Schwimmpflanzendecke. Fütterung mit Insektenlarven und anderem Lebendfutter.
Lebensweise: Versteckt lebende Fischart oft krautiger Abschnitte kleinerer Fließgewässer des Kongobeckens. Männchen revierbildend.
Vergesellschaftung: Flinke afrikanische Barben und Leuchtaugenfische. In größeren Becken auch Zwergbuntbarsche (z.B. *Nanochromis*).

50 l

Orangesaumwels *Baryancistrus sp.*
auch: L 18, »Golden Nugget«
Familie: Harnischwelse *Loricariidae* (→ Seite 9).
Kennzeichen: Mindestens 35 cm, Männchen mit flacherem, breiterem Kopf, während der der Weibchen runder ist. Hübsche Färbung der Jungfische verschwindet im Alter.
Becken/Wasser: 320x60x60 cm, Wassertyp 3-5, 26-29 °C
Haltung: Einzeln oder zu mehreren in großen Aquarien mit Wurzeln und großen Steinen. Fütterung mit pflanzlicher Nahrung und Trockenfutterpellets auf pflanzlicher Basis.
Lebensweise: Grasen Algen und Kleinstorganismen von Steinen und Wurzeln im Rio Xingu, Brasilien, ab.
Vergesellschaftung: Ruhige Großcichliden, z.B. »Pommes«.
Ähnliche Art: L 47 *Baryancistrus sp.* »Magnum«, 30 cm.

1200 l

Oskar *Astronotus ocellatus*
auch: Pfauenaugen-Buntbarsch
Familie: Buntbarsche, Cichliden *Cichlidae* (→ Seite 10).
Kennzeichen: 46 cm, Geschlechter kaum unterscheidbar.
Becken/Wasser: 250x70x60 cm, Wassertyp 2-4, 25-29 °C.
Haltung: Gruppenweise in mit Wurzeln eingerichteten Becken. Fütterung am besten nicht mit Pelletfutter, sondern mit rohem Fisch, Krebstieren, Insekten und manchmal auch mit Grünfutter (frisch oder als Frostfutter).
Lebensweise: Lebt in weiten Teilen Amazoniens in ruhigen Gewässern von Fischen, größeren Insekten und Krebstieren. Paarbildender Offenbrüter.
Vergesellschaftung: Mit ruhigen Großfischen, z.B. großen Harnischwelsen (*Pterygoplichthys*) und großen *Crenicichla*.

1000 l

Panda-Panzerwels *Corydoras panda*
Familie: Schwielenwelse *Callichthyidae* (→ Seite 9).
Kennzeichen: 5 cm, Weibchen fülliger.
Becken/Wasser: 60x30x30 cm, Wassertyp 2-6, 23-26 °C.
Haltung: Gruppenweise Haltung in Becken mit teilweise sandigem Bodengrund, lockerer Bepflanzung und Struktur, die die Fische zum Rasten aufsuchen. Fütterung mit feinem Lebend-, Frost- und Trockenfutter. Schätzt besonders gefrorene *Cyclops* und nicht zu hohe Temperaturen.
Lebensweise: Gesellige Fische sandiger Gewässerbereiche mittelgroßer Flüsse des peruanischen Amazonas.
Vergesellschaftung: Ideale Gesellschaft für südamerikanische Fische der mittleren und oberen Beckenregionen. In kleinen Becken nicht mit Buntbarschen.

50 l

Panda-Zwergbuntbarsch *Apistogramma nijsseni*

Familie: Buntbarsche, Cichliden *Cichlidae* (→ Seite 10).
Kennzeichen: 9 cm, Männchen größer und bunter.
Becken/Wasser: 100x40x40 cm, Wassertyp 1-3, 24-27 °C.
Haltung: Paarweise in dunkel gehaltenen Schwarzwasserbecken mit Wurzeln, lockerer Bepflanzung und einigen kleinen Höhlen. Fütterung mit allen gängigen Futtersorten; Kleinkrebsfütterung unterstützt Rotfärbung.
Lebensweise: In der Flachwasser-Falllaubschicht sandiger Schwarzwasserbäche des peruanischen Amazonas. Paarbildender Versteckbrüter. Frisst wahrscheinlich Insektenlarven.
Vergesellschaftung: Mit ruhigen Cichliden des mittleren Beckenbereiches, z.B. Skalaren, und Salmlern.
Ähnliche Art: Panduro-Zwergbuntbarsch, *A. panduro*, 9 cm.

150 l

Papageienplaty *Xiphophorus variatus var.*

Familie: Lebendgeb. Zahnkarpfen der *Poeciliidae* (→ S. 19)
Kennzeichen: 7 cm, Männchen mit Begattungsorgan.
Becken/Wasser: 80x35x40 cm, Wassertyp 4-6, 22-25 °C.
Haltung: Gruppenfisch für locker bepflanzte Becken. Alle kleineren Futtersorten. Pflanzenkost nicht vergessen!
Lebensweise: Die Wildform lebt gruppenweise in mäßig strömenden Bereichen der Tieflandgewässer Mittelamerikas. Frisst dort vor allem an und von den Algenbelägen.
Vergesellschaftung: Anspruchsloser Gesellschaftsfisch, der mit allen nicht zu großen Fischarten mit ähnlichen Wasseransprüchen vergesellschaftet werden kann.
Ähnliche Art: Es gibt sehr viele Zuchtformen, die zum Teil empfindlich sein können, z.B. Marigold-Platy.

100 l

Paradiesfisch *Macropodus opercularis*

auch: Makropode
Familie: Makropoden, Familie *Osphronemidae* (→ Seite 15).
Kennzeichen: 10 cm, Männchen langflossiger, bunter.
Becken/Wasser: 80x35x40 cm, Wassertyp 2-6, 20-26 °C.
Haltung: Paarweise in reich strukturierten Becken mit Schwimmpflanzen, lockerer anderer Bepflanzung und Wurzeln. Fütterung mit allen gängigen Futtersorten.
Lebensweise: Sumpfige Gebiete, Kanäle und ruhige Flussabschnitte Vietnams und Südchinas. Revierbildend.
Vergesellschaftung: Mit mittelgroßen asiatischen Barben, z.B. der Odessabarbe, und Schmerlen, z.B. *Botia*-Arten. Kann ruppig gegenüber zurückhaltenden Fischen werden.
Ähnliche Art: Schwarzer Makropode, *M. spechti*, 12 cm.

100 l

Paralabidochromis sp. »Rock-kribensis«
auch: »Haplochromis« sp. »Rock-kribensis«
Familie: Buntbarsche, Cichliden *Cichlidae* (→ Seite 10).
Kennzeichen: 12 cm, Männchen bunt und größer.
Becken/Wasser: 120x50x50 cm, Wassertyp 4-6, 24-27 °C.
Haltung: Ein oder viele Männchen mit mehreren Weibchen in locker strukturierten Becken (Felsen, großblättrige Pflanzen). Fütterung mit krebshaltigen Futtersorten (z.B. *Cyclops*) und mit gefrorenen Mückenlarven, Trockenfutter.
Lebensweise: Felsenbewohner des Victoria-Sees, wo die Art unter anderem Insektenlarven aus Felsspalten herausliest. Nicht paarbildender Maulbrüter im weiblichen Geschlecht.
Vergesellschaftung: Andere Cichliden des Victoria-Sees.
Ähnliche Art: *Pundamilia nyererei*, 12 cm.

300 l

Pastellgrundel *Tateurndina ocellicauda*
auch: Schwanzfleck-Schläfergrundel
Familie: Schläfergrundeln *Eleotridae* (→ Seite 11).
Kennzeichen: 5 cm, Weibchen fülliger, kürzere Flossen.
Becken/Wasser: 60x30x30 cm, Wassertyp 2-5, 26-29 °C.
Haltung: In gut bepflanzten Becken mit mehreren Höhlen 1-2 Männchen mit mehreren Weibchen halten. Fütterung mit feinem Lebend- und Trockenfutter. Keine Strömung.
Lebensweise: Stammt aus klaren, nur leicht fließenden Gewässern Neuguineas mit starkem Pflanzenwuchs.
Vergesellschaftung: Mit kleinen Fischen Neuguineas, z.B. Filigran Regenbogenfisch oder Punktierten Blauaugen.
Ähnliche Arten: Kärpflingsgrundeln, *Hypseleotris cf. compressiceps*, 7 cm; *Hemieleotris latifasciatus*, 8 cm.

50 l

Perlhuhn-Nanderbuntbarsch *Altolamprologus calvus*
Familie: Buntbarsche, Cichliden *Cichlidae* (→ Seite 10).
Kennzeichen: 14 cm, Weibchen sind wesentlich kleiner.
Becken/Wasser: 100x50x50 cm, Wassertyp 5-6, 25-27 °C.
Haltung: Einzeln oder als Paar in Felsenbecken mit mindestens einer Höhle, in die das Weibchen, aber nicht das Männchen passt (z.B. große Meeresschneckenhäuser). Lebend- und Frostfutter (Kleinkrebse), kein Trockenfutter.
Lebensweise: Garnelen- und Kleinfischräuber der spaltenreichen Felsregion des Tanganjika-Sees. Einzelgängerisch. Paarbildender Versteckbrüter.
Vergesellschaftung: Gerade bei dieser Art sehr empfehlenswert mit größeren anderen Tanganjika-Buntbarschen.
Ähnliche Art: Nanderbuntbarsch, *A. compressiceps*, 13 cm.

250 l

Perlhuhnwels *Synodontis angelicus*
Familie: Fiederbartwelse *Mochokidae* (→ Seite 9).
Kennzeichen: Etwa 30 cm, Endgröße machmal mit 55 cm angegeben. Geschlechtsunterschiede kaum feststellbar.
Becken/Wasser: 250x60x60 cm, Wassertyp 2-5, 24-28 °C.
Haltung: Einzeln oder zu mehreren, wobei jedes Tier sein eigenes Versteck braucht. Große Becken mit Wurzeln. Mehrere Tiere können untereinander aggressiv sein, besonders wenn nur 2 Tiere gepflegt werden. Allesfresser.
Lebensweise: Nachtaktive Art, die sich tagsüber in Rissen und Höhlen der Totholzverhaue in der Strömung großer Flüsse des Kongobeckens versteckt hält.
Vergesellschaftung: Gut in Schaubecken mit afrikanischen Großcichliden (z.B. Tilapia) oder Salmlern (*Distichodus*).

900 l

Phuketschmerle *Schistura robertsi*
Familie: Schmerlen aus der Familie *Balitoridae* (→ Seite 17).
Kennzeichen: 7 cm, Geschlechter schwer zu unterscheiden.
Becken/Wasser: 80x35x40 cm, Wassertyp 3-6, 23-26 °C.
Haltung: Fühlt sich wie die meisten Schisturen bei guter Strömung und Einrichtung mit Kieselsteinen und Verstecken wohl. Einzeln oder in der Gruppe ab 6 Tieren pflegen. Fütterung mit Lebend-, Frost- und Trockenfutter.
Lebensweise: Bachfisch der Regenwaldbäche auf der thailändischen Ferieninsel Phuket und der näheren Festlandumgebung. Ernährt sich wahrscheinlich hauptsächlich von im Bachbett verborgenen Insektenlarven.
Vergesellschaftung: Kleine Bärblinge, z.B. *Danio*-Arten.
Ähnliche Art: *Schistura notostigma*, ca. 8 cm.

100 l

Placidochromis electra
auch: *Haplochromis electra*
Familie: Buntbarsche, Cichliden *Cichlidae* (→ Seite 10).
Kennzeichen: 16 cm, Weibchen vergleichsweise farblos.
Becken/Wasser: 160x60x60 cm, Wassertyp 5-6, 25-27 °C.
Haltung: Gruppenweise (ein oder viele Männchen mit mehreren Weibchen) in Becken mit 5 cm hoher Sandschicht und einigen Felsen. Fütterung mit allen gängigen Futtersorten, besonders krebshaltigem Mischfutter (Garnelenmix), Mückenlarven und gefrosteten *Artemia*.
Lebensweise: Sandbodenbewohner des Malawisees. Nicht paarbildender Maulbrüter im weiblichen Geschlecht.
Vergesellschaftung: Mit nicht felsenbewohnenden Cichliden des Malawi-Sees, z.B. *Copadichromis* oder *Aulonocara*.

600 l

Platinbeilbauch *Thoracharax securis*

Familie: Beilbauchsalmler *Gasteropelecidae* (→ Seite 16).
Kennzeichen: 9 cm, Weibchen wahrscheinlich fülliger.
Becken/Wasser: 120x60x50 cm, Wassertyp 2-4, 25-30 °C.
Haltung: Als Schwarm in großflächigen Aquarien, in denen der Wasserspiegel etwas abgesenkt ist, so dass ein 10 cm breiter Raum zwischen Wasseroberfläche und Deckscheibe entsteht. Wenige Schwimmpflanzen. Fütterung mit Insekten (z.B. Obstfliegen) und Schwarzen Mückenlarven.
Lebensweise: Insekten fressender Oberflächenfisch großer Flüsse Amazoniens, der dank der kräftigen Brustmuskulatur mehrere Meter über den Wasserspiegel »fliegen« kann.
Vergesellschaftung: Mit friedlichen mittelgroßen Buntbarschen (Skalare, Diskus, Keilfleck-Buntbarschen).

350 l

Platy *Xiphophorus maculatus var.*

Familie: Lebendgeb. Zahnkarpfen der *Poeciliidae* (→ S. 19).
Kennzeichen: 6 cm, Männchen mit Begattungsorgan.
Becken/Wasser: 60x30x30 cm, Wassertyp 4-6, 21-25 °C.
Haltung: Lebhafter Gruppenfisch für locker bepflanzte Becken. Alle kleineren Futtersorten. Pflanzenkost!
Lebensweise: Die Wildform lebt gruppenweise in fließenden Tieflandgewässern Mittelamerikas und frisst dort vor allem Algen und darin sitzende Tiere.
Vergesellschaftung: Anspruchsloser Gesellschaftsfisch, der mit allen nicht zu großen Fischarten mit ähnlichen Wasseransprüchen vergesellschaftet werden kann.
Ähnliche Art: Es gibt sehr viele Zuchtformen, die zum Teil empfindlich sein können.

50 l

Pommes-Hechtcichlide *Crenicichla sp. »Xingu I«*

Familie: Buntbarsche, Cichliden *Cichlidae* (→ Seite 10).
Kennzeichen: 40 cm, erwachsene Weibchen mit rotem Bauch. Nur Jungfische mit typischer Streifenzeichnung.
Becken/Wasser: 320x60x60 cm, Wassertyp 2-4, 27-30 °C.
Haltung: Jungfischschwarm aufziehen und nach einer Paarbildung überzählige Tiere abgeben. Fütterung mit Fischen oder Fischfleisch. Bei Aggressionen zwischen den Paarpartnern diese mit Glasscheibe im Aquarium trennen. Becken mit Wurzeln, Steinplatten und kräftiger Strömung.
Lebensweise: Jäger, der sich in den felsigen Bereichen des Rio Xingu, eines Klarwasserflusses in Amazonien, aufhält. Paarbildender Versteckbrüter.
Vergesellschaftung: Große Harnischwelse und Cichliden.

1200 l

Prachtbarbe *Puntius conchonius*
Familie: Karpfenfische *Cyprinidae* (→ Seite 16).
Kennzeichen: 12 cm, Männchen rot, Weibchen messing.
Becken/Wasser: 120x50x50 cm, Wassertyp 2-6, 16-22 °C.
Haltung: Große Aquarien mit viel Schwimmraum für den Gruppenfisch. Zarte Pflanzen werden gefressen. Sind im Sommer am besten im Gartenteich aufgehoben, aus dem man sie im Herbst abfischen muss. Fütterung mit pflanzenhaltiger Nahrung, aber auch Insektenlarven.
Lebensweise: Lebendiger Bach- und Seebewohner Nordindiens und angrenzender Gebiete, der kühleres Wasser liebt.
Vergesellschaftung: Mit allen Boden- oder Oberflächenfischen, die kühleres Wasser vertragen, z.B. Flossensaugern oder Makropoden (je nach Beckentyp).

300 l

Prachtkopfsteher *Anostomus anostomus*
Familie: Engmaulsalmler *Anostomidae* (→ Seite 16).
Kennzeichen:18 cm, Weibchen werden größer und fülliger.
Becken/Wasser: 160x60x60 cm, Wassertyp 2-4, 24-28 °C.
Haltung: Einzeln oder in großer Gruppe mit 10-12 Tieren halten. Jedes Tier sollte einen Unterstand (z.B. Wurzeln) haben. Fütterung mit Pflanzenfutter, feinem Frostfutter. Trockenfutter allein reicht nicht aus.
Lebensweise: Gruppenfisch größerer Fließgewässer mit Felsen oder Totholz im nördlichen Südamerika.
Vergesellschaftung: Kann langsamen Fischen, z.B. Skalaren, lästig werden. Ansonsten nur mit ruhigen Fischen, z.B. großen Harnischwelsen oder Salmlern.
Ähnliche Art: *Anostomus ternetzi*, 16 cm.

600 l

Prachtregenbogenfisch *Melanotaenia trifasciata*
Familie: Regenbogenfische *Melanotaeniidae* (→ Seite 18).
Kennzeichen: 11-15 cm (je nach Population unterschiedlich), Männchen bunter.
Becken/Wasser: 160x60x60 cm, Wassertyp 4-6, 24-28 °C.
Haltung: Schwarmfisch für große Becken mit lockerer Randbepflanzung und viel freiem Schwimmraum. Kleines bis mittleres Lebend- und Trockenfutter (z. B. Wasserflöhe).
Lebensweise: Die verschieden aussehenden Populationen stammen aus Regenwald- und Savannenflüssen Australiens.
Vergesellschaftung: Gut mit allen nicht zu kleinen Fischen mit ähnlichen Wasseransprüchen zu vergesellschaften, auch z.B. mit Tanganjika-Buntbarschen.
Ähnliche Art: *Melanotaenia splendida*, 11-15 cm.

600 l

Prachtschmerle *Botia macracanthus*

Familie: Schmerlen *Cobitidae* (→ Seite 17).
Kennzeichen: 25 cm, Geschlechter schwer unterscheidbar. Achtung beim Herausfangen: kleiner Dorn unter dem Auge!
Becken/Wasser: 250x60x50 cm, Wassertyp 1-5, 25-30 °C.
Haltung: Gruppenfisch (mindestens 5 Tiere halten), jedes Tier sollte seinen Unterstand, z.B. in einer Bambusröhre, haben. Vereinzelte Tiere sind oft zänkisch. Geräumige Becken mit teilweise sandigem Bodengrund und Wurzeln. Wird meist in viel zu kleinen Aquarien gehalten.
Lebensweise: Flüsse der Inseln Sumatra und Borneo. Trotz der Beliebtheit ist über die Lebensweise wenig bekannt.
Vergesellschaftung: Mit wärmeliebenden größeren asiatischen Barben, Fadenfischen und Welsen.

750 l

Pseudotropheus demasoni

Familie: Buntbarsche, Cichliden *Cichlidae* (→ Seite 10).
Kennzeichen: 8 cm, Männchen etwas kräftigere Farben.
Becken/Wasser: 100x50x50 cm, Wassertyp 5-6, 25-27 °C.
Haltung: Gruppenhaltung von etwa 20 Tieren in mit Felsaufbauten so eingerichtetem Becken, dass die Aufbauten von den Fischen durchschwommen werden können. Nur in Gruppenhaltung verteilen sich die Aggressionen. Fütterung mit pflanzlichem Trockenfutter und Kleinkrebsen.
Lebensweise: Algen- und Planktonfresser der Felsenzone des Malawi-Sees. Untereinander sehr aggressive Art. Nicht paarbildender Maulbrüter im weiblichen Geschlecht.
Vergesellschaftung: Mit Felsencichliden des Malawi-Sees.
Ähnliche Art: *Pseudotropheus saulosi*, 9 cm.

250 l

Pseudotropheus lombardoi

auch: *Metriaclima lombardoi, Maylandia lombardoi*
Familie: Buntbarsche, Cichliden *Cichlidae* (→ Seite 10).
Kennzeichen: 15 cm, erwachsene Männchen sind gelb, Weibchen dagegen blau in der Grundfärbung.
Becken/Wasser: 160x60x60 cm, Wassertyp 5-6, 25-27 °C.
Haltung: Ein oder viele Männchen mit mehreren Weibchen halten. Felsaufbauten so konstruieren, dass sie für die Fische durchschwimmbar sind. Fütterung mit pflanzlichem Trockenfutter und Kleinkrebsen (lebend oder gefroren).
Lebensweise: Algen- und Planktonfresser der Felsenzone des Malawi-Sees. Maulbrüter im weiblichen Geschlecht.
Vergesellschaftung: Mit anderen Cichliden des Malawi-Sees, z.B *Pseudotropheus*- oder *Maylandia*-Arten.

600 l

Pseudotropheus socolofi
auch: *Pseudotropheus sp. »pindani«*
Familie: Buntbarsche, Cichliden *Cichlidae* (→ Seite 10).
Kennzeichen: 12 cm, Geschlechter schwer unterscheidbar.
Becken/Wasser: 150x50x50 cm, Wassertyp 5-6, 25-27 °C.
Haltung: Ein oder viele Männchen mit mehreren Weibchen
halten. Felsaufbauten so konstruieren, dass sie für die
Fische durchschwimmbar sind. Fütterung mit pflanzlichem
Trockenfutter und Kleinkrebsen (lebend oder gefroren).
Lebensweise: Algen- und Planktonfresser der Felsenzone
des Malawi-Sees. Wie fast alle Malawi-Cichliden ein nicht
paarbildender Maulbrüter im weiblichen Geschlecht.
Vergesellschaftung: Mit anderen Cichliden des Malawi-
Sees, z.B *Pseudotropheus*- oder *Maylandia*-Arten.

350 l

Pseudotropheus sp. »acei«
Familie: Buntbarsche, Cichliden *Cichlidae* (→ Seite 10).
Kennzeichen: 12 cm, die gelben Flecken der Afterflosse
(Eiflecken) sind bei den Männchen intensiver gefärbt.
Becken/Wasser: 120x50x50cm, Wassertyp 5-6, 25-27 °C.
Haltung: Ein oder viele Männchen mit mehreren Weibchen
in Aquarien mit gut gewässertem Wurzelholz und Vallisne-
rien. Nimmt ballaststoffreiches Trockenfutter, Kleinkrebse.
Lebensweise: Lebt in sandigen Bereichen des Malawi-Sees.
Frisst vor allem Algen, die auf Holzoberflächen, z.B. von ins
Wasser gefallenen Bäumen, wachsen. Nicht paarbildender
Maulbrüter im weiblichen Geschlecht.
Vergesellschaftung: Mit Blauen Antennenwelsen und
Kuckuckswelsen, aber auch *Copadichromis borleyi*.

300 l

Punktierter Flossensauger *Gastromyzon sp.*
auch: *Gastromyzon punctulatus, Gastromyzon borneensis*
Familie: Plattschmerlen, Familie *Balitoridae* (→ Seite 17).
Kennzeichen: 6 cm, Männchen evtl. bunterer Rückenflosse.
Becken/Wasser: 60x30x30 cm, Wassertyp 2-5, 22-25 °C.
Haltung: Mehrere Tiere in mit Kieselsteinen eingerichteten
Becken mit starker Beleuchtung halten. Obwohl sie mit
ihrem Saugmaul den Eindruck machen, sind Flossensauger
keine Algenfresser, sondern brauchen Futtertabletten und
feines Frostfutter (*Cyclops*).
Lebensweise: Kühle Bergbäche Borneos. Keine Algenfres-
ser! Jedes Tier verteidigt seinen kleinen »Stammplatz«.
Vergesellschaftung: Kleine Bärblinge, z.B. *Danio*-Arten.
Ähnliche Art: *Pseudogastromyzon cheni*, 6 cm.

50 l

Punktierter Kopfsteher *Chilodus punctatus*

Familie: Engmaulsalmler *Anostomidae* (→ Seite 16).
Kennzeichen: 9 cm, Männchen schlanker.
Becken/Wasser: 100x40x40 cm, Wassertyp 2-4, 24-28 °C.
Haltung: In einer Gruppe von 6-8 Tieren in strukturreichen Becken (Wurzeln, Schieferplatten, großblättrige Pflanzen, z.B. *Anubias*, Javafarn) halten. Pflanzenfresser, der Grünfutter (überbrühte Salatblätter, Spinat), aber auch tierisches Frostfutter benötigt.
Lebensweise: Steht kopfüber zwischen Pflanzen und Wurzeln in verschiedenen Gewässern des oberen Amazoniens.
Vergesellschaftung: Mit robusten und/oder wendigen südamerikanischen Arten: Panzerwelsen, Harnischwelsen, nicht zu großen Buntbarschen. Nicht mit Skalaren!

150 l

Purpurkopfbarbe *Puntius nigrofasciatus*

Familie: Karpfenfische *Cyprinidae* (→ Seite 16).
Kennzeichen: 7 cm, Weibchen blasser.
Becken/Wasser: 100x40x40 cm, Wassertyp 2-5, 21-24 °C.
Haltung: Die herrliche Färbung der Männchen kommt nur in dunkel gehaltenen Becken und lockerer Bepflanzung, z.B. mit Cryptocorynen zum Vorschein. Teilweise sandiger Bo-dengrund stimuliert die Barben dazu, nach allen Futterarten, vor allem aber Pflanzenfutter, zu gründeln.
Lebensweise: Geselliger und lebhafter Bewohner klarer und kühler Regenwaldbäche auf Sri Lanka. Frisst dort über kiesigem oder sandigem Grund vor allem Algen.
Vergesellschaftung: Schmerlen (*Schistura*) und Bärblinge.
Ähnliche Art: *Puntius bandula*, 5 cm.

150 l

Purpurprachtbuntbarsch *Pelvicachromis pulcher*

auch: *Pelmatochromis kribensis*, Königscichlide
Familie: Buntbarsche, Cichliden *Cichlidae* (→ Seite 10).
Kennzeichen: 10 cm, Weibchen: glänzende Rückenflosse.
Becken/Wasser: 80x35x40 cm, Wassertyp 2-5, 25-28 °C.
Haltung: Paarweise in bepflanzten Becken mit etwas Strömung. Nimmt alle gängigen Futtersorten.
Lebensweise: Paarbildender Versteckbrüter aus klaren Regenwaldbächen Nigerias mit Sandboden – oft mit Wasserlilien. Weibchen balzen mit leuchtendem Bauch.
Vergesellschaftung: Ideal für Gesellschaftsaquarien mit afrikanischen Salmlern (*Phenacogrammus*, *Brycinus*, *Bathyaethiops*) und Leuchtaugenfischen (*Procatopus*).
Ähnliche Art: *Pelvicachromis sacrimontis*, 10 cm.

100 l

Quappenbuntbarsch *Teleogramma brichardi*

Familie: Buntbarsche, Cichliden *Cichlidae* (→ Seite 10).
Kennzeichen: 12 cm, Weibchen mit breitem weißem Band in der oberen Hälfte der Schwanzflosse.
Becken/Wasser: 120x40x40 cm, Wassertyp 3-5, 24-27 °C.
Haltung: Paarweise mit guter Strömung und sehr vielen Verstecken aus flach liegenden Steinplatten, worunter sich die Tiere Höhlen ausgraben können. Die zahlreichen Verstecke sind nötig, damit bedrängte Weibchen sich ungestört zurückziehen können. Vergesellschaftung nötig.
Lebensweise: Felsspalten im Bereich der Stromschnellen des unteren Kongo. Weibchen balzen mit rotem Bauch auf schwarzem Grund. Paarbildender Versteckbrüter.
Vergesellschaftung: Kongosalmler und Buckelkopfcichliden.

200 l

Querbandhechtling *Epiplatys dageti*

Familie: Hechtlinge aus der *Aplocheilidae* (→ Seite 19).
Kennzeichen: 6 cm, Männchen größer und farbiger.
Becken/Wasser: 60x30x30 cm, Wassertyp 2-5, 23-26 °C.
Haltung: Bepflanzte Aquarien mit teilweise vorhandener Schwimmpflanzendecke. Fütterung mit Insektenfutter, anderem kleinen Lebendfutter und auch Trockenfutter. Mehrere Männchen mit vielen Weibchen halten.
Lebensweise: Insekten fressender Oberflächenfisch aus teilweise pflanzenreichen Gewässern der sumpfigen Küstenniederung Liberias und der Elfenbeinküste.
Vergesellschaftung: Idealer Gesellschaftsfisch für westafrikanische Zwergbuntbarsche (z.B. *Pelvicachromis*), kleinere Salmler (z.B. *Neolebias*) und Barben.

50 l

Quetzalbuntbarsch *Vieja synspila*

auch: *Cichlasoma synspilum*
Familie: Buntbarsche, Cichliden Cichlidae (→ Seite 10).
Kennzeichen: 35 cm, Männchen werden größer, entwickeln prächtigere Farben und einen kräftigen Stirnbuckel.
Becken/Wasser: 250x70x70 cm, Wassertyp 5-6, 24-28 °C.
Haltung: Gruppenweise oder paarweise in locker strukturierten Becken mit viel Platz im Vordergrund und Rückzugsmöglichkeiten (Wurzeln, Steinplatten) im Hintergrund. Nimmt verschiedenes pflanzliches Futter.
Lebensweise: Sich hauptsächlich pflanzlich ernährende Fische aus langsam fließenden, zum Teil trüben Gewässern Mittelamerikas. Paarbildender Offenbrüter.
Vergesellschaftung: Ruhige Großcichliden Mittelamerikas.

1200 l

Rautenflecksalmler *Hemigrammus caudovittatus*

Familie: Salmler aus der Familie *Characidae* (→ Seite 16).
Kennzeichen: 7 cm, Weibchen farbloser und fülliger.
Becken/Wasser: 100x40x40 cm, Wassertyp 2-6, 20-24 °C.
Haltung: Robuster, schwimmfreudiger Schwarmfisch, der sich in allen Aquarien wohl fühlt, solange ausreichend freier Schwimmraum und eine Bepflanzung mit robusten Arten geboten sind. Frisst zarte Triebe von Wasserpflanzen! Fütterung mit Trockenfutter auf pflanzlicher Basis.
Lebensweise: In pflanzenreichen Tümpeln im Einzugsgebiet des Paraná und Uruguay-Flusssystems Südamerikas.
Vergesellschaftung: Wegen seiner Robustheit guter Gesellschaftsfisch für viele Arten, auch solche, die es etwas kühler mögen, z.B. Marmorierte Panzerwelse.

150 l

Ritterkärpfling *Xenotoca eiseni*

auch: Banderolenkärpfling
Familie: Hochlandkärpflinge *Goodeidae* (→ Seite 19).
Kennzeichen: Ca. 7 cm, Männchen wesentlich farbiger.
Becken/Wasser: 60x30x30 cm, Wassertyp 4-6, 18-26 °C.
Haltung: Bei ausreichender Fütterung mit pflanzlicher Nahrung (z.B. überbrühte Salatblätter) ein friedfertiger und anspruchsloser Gruppenfisch für bepflanzte Becken. Gelegentlich auch Kleinkrebse und Trockenfutter geben.
Lebensweise: Gruppenfisch mäßig fließender Gewässer der Bäche und Flüsse im Hochland von Mexiko.
Vergesellschaftung: Mit anderen Lebendgebärenden und kleinen mittelamerikanischen Buntbarschen. Langflossige Fische können durch »Flossenknabbern« belästigt werden.

50 l

Rotaugen-Moenkhausia

Moenkhausia sanctaefilomenae
Familie: Salmler aus der Familie *Characidae* (→ Seite 16).
Kennzeichen: Bis etwa 7 cm, Weibchen fülliger.
Becken/Wasser: 80x35x40 cm, Wassertyp 2-6, 23-26 °C.
Haltung: Anspruchsloser Schwarmfisch der oberen Beckenregionen. Geeignet für Becken mit lockerer Bepflanzung, freiem Schwimmraum und guter Strömung. Fütterung mit allen gängigen kleineren Futtersorten.
Lebensweise: Lebhafter Schwarmfisch des freien Wassers klarer Bäche des südwestlichen Südamerikas.
Vergesellschaftung: Mit allen eher bodennah lebenden Fischen, z.B. Panzerwelsen (*Corydoras*) und robusten Zwergbuntbarschen, z.B. *Apistogramma cacatuoides*.

100 l

Roter Cichlide *Hemichromis sp.*

auch: *Hemichromis bimaculatus, H. lifalili, H. guttatus*
Familie: Buntbarsche, Cichliden *Cichlidae* (→ Seite 10).
Kennzeichen: 8-11 cm je nach Art, Männchen größer.
Becken/Wasser: 100x40x40 cm, Wassertyp 2-6, 24-29 °C.
Haltung: Paarweise in locker mit großen Blattpflanzen und Wurzeln eingerichteten Becken. Einige Kieselsteine hinzufügen. Fütterung mit allen gängigen Futtersorten.
Lebensweise: Meist in langsam fließenden und stehenden Gewässern West- und Zentralafrikas, wo sie hauptsächlich Insektenlarven fressen. Paarbildende Offenbrüter.
Vergesellschaftung: Da Rote Cichliden nach der Paarbildung zu allen anderen Fischen überdurchschnittlich aggressiv sind, eher nicht vergesellschaften.

150 l

Roter Leuchtaugenfisch
Aplocheilichthys macrophthalmus

auch: *A. luxophthalmus, Poropanchax macropthalmus*
Familie: Leuchtaugenfische, Familie *Poeciliidae* (→ Seite 19).
Kennzeichen: 3,5 cm, Männchen mit bunteren Flossen.
Becken/Wasser: 60x30x30 cm, Wassertyp 2-5, 25-28 °C.
Haltung: Mindestens 10 Tiere in teilweise dicht bepflanzten, dunkel gehaltenen Becken mit leichter Strömung halten. Feines Lebend- oder Trockenfutter.
Lebensweise: Schwarmfisch ruhiger Bereiche mittlerer und größerer Regenwald-Fließgewässer Kameruns und Nigerias.
Vergesellschaftung: Mit kleinen westafrikanischen Zwergbuntbarschen (z.B. *Pelvicachromis*) oder *Aphyosemion*.
Ähnliche Art: *Aplocheilichthys normani*, 4 cm.

50 l

Roter Neon *Paracheirodon axelrodi*

Familie: Salmler aus der Familie *Characidae* (→ Seite 16).
Kennzeichen: Bis etwa 4 cm, Weibchen fülliger.
Becken/Wasser: 60x30x30 cm, Wassertyp 1-4, 23-27 °C.
Haltung: Als Schwarm in dunkel eingerichteten Becken, die locker bepflanzt sein können. Keine grelle Beleuchtung. Fütterung mit allen kleinen Futtersorten.
Lebensweise: Häufiger und geselliger Gruppenfisch der klaren Gewässer des Überschwemmungswaldes im Einzugsgebiet des Rio Negro und Orinoko (Südamerika).
Vergesellschaftung: Mit Zwergbuntbarschen (*Apistogramma*), Panzerwelsen (*Corydoras*) und oberflächennah lebenden Salmlern, z.B. Marmorbeilbäuchen. Nicht mit Skalaren, die schon einmal einen Roten Neon verspeisen können!

50 l

Roter Peru-Ziersalmler *Nannostomus mortenthaleri*
auch: *Nannostomus marginatus mortenthaleri*
Familie: Schlanksalmler *Lebiasinidae* (→ Seite 16).
Kennzeichen: 5 cm, Weibchen fülliger und weniger farbig.
Becken/Wasser: 60x30x30 cm, Wassertyp 2-5, 23-26 °C.
Haltung: Wenige Männchen mit mehreren Weibchen in dunkel eingerichteten, locker mit Stängelpflanzen bepflanzten Becken. Nimmt kleines Lebend- und Trockenfutter.
Lebensweise: Männchen verteidigen kleine Reviere um einzelne Pflanzen. Bäche des peruanischen Amazonas.
Vergesellschaftung: Mit Bodenfischen (Panzerwelse, Hexenwelse) oder bodenorientierten Salmlern (*Hemigrammus*, Neons). In größeren Becken mit Zwergbuntbarschen.
Ähnliche Art: Längsband-Ziersalmler, *N. beckfordi*, 6 cm.

50 l

Roter Phantomsalmler *Hyphessobrycon sweglesi*
auch: *Megalomphodus sweglesi*
Familie: Salmler aus der Familie *Characidae* (→ Seite 16).
Kennzeichen: 4 cm, Männchen intensiver rot.
Becken/Wasser: 60x30x30 cm, Wassertyp 2-4, 22-26 °C.
Haltung: Friedlicher Schwarmfisch für nicht zu warme, teilweise dicht bepflanzte und dunkel eingerichtete Becken. Nimmt alle kleineren Futtersorten.
Lebensweise: Bei dieser Art etablieren wie bei den meisten *Hyphessobrycon*-Arten die Männchen zeitweise kleine Balzreviere, die sie gegen männliche Artgenossen verteidigen. Heimat: Orinoko-Flusssystem in Kolumbien.
Vergesellschaftung: Mit kleinen südamerikanischen Fischen, z.B. Panzerwelsen und Zwergbuntbarschen.

50 l

Roter Schulterfleck Piranha *Pygocentrus notatus*
auch: *Serrasalmus nattereri*
Familie: Sägesalmler, Familie *Characidae* (→ Seite 16).
Kennzeichen: 28 cm, Geschlechtsunterschiede schwer festzustellen. Messerscharfe Zähne!
Becken/Wasser: 320x60x60 cm, Wassertyp 2-5, 25-28 °C.
Haltung: Gruppe von Jungfischen in großen Becken mit Schwertpflanzen, Wurzeln und feinkiesigem Boden heranwachsen lassen. Kräftige Fütterung mit Fischfleisch. Nie mit bloßen Händen in ein Piranha-Aquarium langen!
Lebensweise: Gruppen bildender Fischjäger der großen Flüsse Venezuelas. Sie jagen meist in der Dämmerung.
Vergesellschaftung: Mit großen Harnischwelsen.
Ähnliche Art: Roter Piranha, *Pygocentrus natteri*, 35 cm.

1200 l

Roter Tüpfelbuntbarsch *Laetacara dorsigera*
auch: *Aequidens dorsiger*
Familie: Buntbarsche, Cichliden *Cichlidae* (→ Seite 10).
Kennzeichen: 7 cm, Geschlechter schwer unterscheidbar.
Becken/Wasser: 60x30x30 cm, Wassertyp 2-4, 26-30 °C.
Haltung: Paarweise in teilweise dicht bepflanzten Becken mit einigen kalkfreien Kieselsteinen. Fütterung vor allem mit feinem Lebendfutter, aber auch mit Trockenfutter.
Lebensweise: Pflanzenreiche und strömungsarme Gewässer im Dreiländereck Bolivien – Argentinien – Brasilien. Paarbildender Offenbrüter.
Vergesellschaftung: Friedliche Art, die für Gesellschaftsaquarien mit ruhigen Salmlern und anderen ruhigen Fischen, z.B. Skalaren oder Diskus, geeignet ist.

50 l

Roter von Rio *Hyphessobrycon flammeus*
Familie: Salmler aus der Familie *Characidae* (→ Seite 16).
Kennzeichen: 4 cm, Weibchen blasser und fülliger.
Becken/Wasser: 60x30x30 cm, Wassertyp 3-6, 22-27 °C.
Haltung: Gruppenfisch (mindestens 6-8 Tiere) für dunkel eingerichtete und locker bis dicht bepflanzte Aquarien. Nimmt alle kleineren Futtersorten. Sollte nur zeitweise wärmer als 24-25 °C gehalten werden.
Lebensweise: Bäche in der Umgebung von Rio de Janeiro.
Vergesellschaftung: Mit kleineren Boden- und Oberflächenfischen, die etwas kühleres Wasser vertragen, z.B. Marmorierte Panzerwelse (z.B. *Corydoras paleatus*), Gelbe Zwergbuntbarsche (*Apistogramma borellii*).
Ähnliche Art: Gelber von Rio, *H. bifasciatus*, 5 cm.

50 l

Roter Zebra *Maylandia estherae*
auch: *Metriaclima estherae, Pseudotropheus estherae*
Familie: Buntbarsche, Cichliden *Cichlidae* (→ Seite 10).
Kennzeichen: 11 cm, Geschlechter schwer zu unterscheiden.
Becken/Wasser: 120x50x50 cm, Wassertyp 5-6, 25-27 °C.
Haltung: Felsenaufbauten, die so gestaltet sind, dass sie von den Fischen durchschwommen werden können. Nimmt pflanzliches Flockenfutter und krebshaltiges Frostfutter. Ein oder viele Männchen mit mehreren Weibchen halten.
Lebensweise: Felsenbewohnender Cichlide (Mbuna) des Malawi-Sees. Frisst Algen, Kleintiere und Plankton. Nicht paarbildender Maulbrüter im weiblichen Geschlecht.
Vergesellschaftung: Mit anderen Malawi-Felsencichliden.
Ähnliche Art: »Bright Blue«, *Maylandia callainos*, 12 cm.

300 l

Rotflossen-Glassalmler *Prionobrama filigera*

Familie: Salmler aus der Familie *Characidae* (→ Seite 16).
Kennzeichen: 5 cm, Weibchen fülliger und farbloser.
Becken/Wasser: 80x35x40 cm, Wassertyp 3-6, 23-27 °C.
Haltung: In hell beleuchteten Aquarien mit lockerer Rand-
bepflanzung und leichter Strömung. Fütterung mit allen
gängigen Futtersorten. Mindestens 8 Tiere kaufen.

100 l

Lebensweise: Lebhafter Schwarmfisch, der z.B. entlang der
Sandbänke größerer Flüsse Südamerikas gefangen wird.
Frisst wahrscheinlich Insekten von der Wasseroberfläche.
Vergesellschaftung: Problemlos mit kleineren südamerikanischen Fischen, die nicht auf extremes Weichwasser (Wassertyp 1) angewiesen sind, z.B. Panzerwelse, Hexenwelse
und viele andere Salmler.

Rotflossen-Kaktuswels *Pseudacanthicus sp. »L 25«*

Familie: Harnischwelse *Loricariidae* (→ Seite 9).
Kennzeichen: 40 cm, Männchen mit stärkerer Bedornung.
Becken/Wasser: 250x80x70 cm, Wassertyp 2-5, 25-28 °C.
Haltung: Ruhige Großwelse, die große Unterstände aus
Holzwurzeln und Steinplatten benötigen. Fütterung mit
Muschelfleisch, Garnelen und Grünfutter-Pellets. Kräftige

1400 l

Filterung und besonders sorgfältige Wasserpflege wie bei
allen Harnischwelsen besonders wichtig. Jedes Tier muss
z.B. bei paarweiser Pflege ein eigenes Versteck haben.
Lebensweise: Nur im Klarwasserfluss Xingu, Brasilien.
Vergesellschaftung: Wegen ihrer ruhigen, aber dennoch
wehrhaften Art gut mit Großcichliden zu vergesellschaften.
Ähnliche Art: *Pseudacanthicus spinosus*, ca. 30 cm.

Rotflossen-Saugwels *Parotocinclus maculicauda*

Familie: Harnischwelse *Loricariidae* (→ Seite 9).
Kennzeichen: 5 cm, Männchen mit roten Flossenspitzen.
Becken/Wasser: 60x30x30 cm, Wassertyp 3-6, 20-25 °C.
Haltung: Gesellige Art, die man in einer kleinen Gruppe
(5-6 Tiere) halten sollte. Becken mit großblättrigen Pflan-
zen, Wurzeln und Kieselsteinen einrichten. Besonders auf

50 l

gute Wasserqualität achten (regelmäßiger Wasserwechsel ist
unbedingt nötig). Nimmt kleines Frostfutter (z.B. *Artemia*,
Cyclops), aber auch Grünfutter (wie überbrühte Spinatblät-
ter) oder Grünfuttertabletten.
Lebensweise: Bäche in Südwest-Brasilien.
Vergesellschaftung: Mit allen kleinen Salmlern, Buntbarschen und Welsen, die ähnliche Ansprüche haben.

Rotrücken-Leuchtaugenfisch *Procatopus nototaenia*

Familie: Leuchtaugenfische, Familie *Poeciliidae* (→ Seite 19).
Kennzeichen: 5 cm, Männchen bunter, größere Flossen.
Becken/Wasser: 100x40x40 cm, Wassertyp 2-5, 22-25 °C.
Haltung: Gut durchströmte, teilweise dunkle Becken mit einigen Wurzeln oder Steinen. Fütterung mit kleinen Insekten, Schwarzen Mückenlarven und Trockenfutter.
Lebensweise: Lebhafter, strömungsliebender Schwarmfisch klarer Fließgewässer des Regenwaldes im Hügelland Kameruns. Jagt in der Strömung nach Insekten und anderem. Vergesellschaftung: Idealer Gesellschaftsfisch für west- und zentralafrikanische Zwergbuntbarsche (*Pelvicachromis*, *Nanochromis*), Hechtlinge (*Epiplatys*) und Barben.
Ähnliche Art: *Procatopus similis*, 5 cm.

150 l

Rotrücken-Mondsalmler
Bathyaethiops caudomaculatus

auch: *Bathyaethiops greeni, B. breuseghemi*
Familie: Echte Afrikanische Salmler *Alestiidae* (→ Seite 16).
Kennzeichen: Ca. 5 cm, Männchen mit größeren Flossen.
Becken/Wasser: 80x35x40 cm, Wassertyp 2-4, 24-27 °C.
Haltung: Gruppe (etwa 10 Fische) für nicht zu hell beleuchtete Becken mit etwas Strömung und lockerer Randbepflanzung. Nimmt alle kleineren Futtersorten.
Lebensweise: Schwarmfisch des offenen Wassers von Klarwasserbächen des Kongobeckens. Nicht im Schwarzwasser.
Vergesellschaftung: Z.B. mit zentralafrikanischen Zwergbuntbarschen (z.B. *Nanochromis sp.*).
Ähnliche Art: Afrikanischer Mondsalmler, *B. altus*, 8 cm.

100 l

Rotstrich-Apistogramma *Apistogramma hongsloi*

Familie: Buntbarsche, Cichliden *Cichlidae* (→ Seite 10).
Kennzeichen: 7 cm, Männchen größer und bunter.
Becken/Wasser: 100x40x40 cm, Wassertyp 1-2, 25-27 °C.
Haltung: Dunkel eingerichtete und teilweise dicht bepflanzte Becken mit einigen kleinen Stein- oder Tonhöhlen. Ein Männchen mit mehreren Weibchen pflegen. Fütterung mit allen kleineren Futtersorten, wobei Kleinkrebse (*Cyclops, Artemia*) die Rotfärbung verstärken.
Lebensweise: Flache, strömungsarme Zonen klarer Bach- und Flussläufe im Orinoko-Einzugsgebiet Kolumbiens. Meist über Falllaub. Haremsbildender Versteckbrüter.
Vergesellschaftung: In größeren Becken mit Salmlern (z.B. Blutsalmlern) und ruhigen Cichliden, z.B. Skalaren.

150 l

Royal-Plecostomus *Panaque nigrolineatus*

Familie: Harnischwelse *Loricariidae* (→ Seite 9).
Kennzeichen: 55 cm, Männchen zur Laichzeit mit langen Dornen (Odontoden) im Bereich der Kiemendeckel.
Becken/Wasser: 320x80x70 cm, Wassertyp 2-5, 25-29 °C.
Haltung: Wichtigste Voraussetzung außer einem geräumigen Aquarium sind viele Wurzeln oder anderes Holz, die von den Welsen schnell abgenagt und aufgefressen (!) werden. Ohne Holz keine artgerechte Haltung dieser schönen Welse. Geräumige Höhlen und zusätzliches Grünfutter (z.B. Kohlblätter). Kräftige Filterung, um der starken Verdauung Herr zu werden. In kleineren Becken Einzelhaltung.
Lebensweise: Holzfresser amazonischer Flüsse.
Vergesellschaftung: Friedlich, auch mit kleinen Fischen.

1800 l

Rückenschwimmender Kongowels
Synodontis nigriventris

Familie: Fiederbartwelse *Mochokidae* (→ Seite 9).
Kennzeichen: 8 cm, Weibchen bei Laichreife fülliger.
Becken/Wasser: 100x40x40 cm, Wassertyp 2-5, 24-28 °C.
Haltung: Gruppenfisch für dicht bepflanzte und mit Wurzeln strukturierte Becken mit vielen Unterständen. Allesfresser mit Vorliebe für Schwarze Mückenlarven.
Lebensweise: Geselliger Fisch der pflanzenreichen Ufer größerer Flüsse und Sümpfe des Kongo-Regenwaldes. Ernährt sich von Insektenlarven.
Vergesellschaftung: Idealer Gesellschaftsfisch für Kongo-Becken mit Zwergbuntbarschen (*Nanochromis*) und Salmlern (z.B. *Phenacogrammus, Bathyaethiops*).

150 l

Saigon-Zwergbärbling *Boraras urophthalmoides*
auch: *Rasbora urophthalma*

Familie: Karpfenfische *Cyprinidae* (→ Seite 16).
Kennzeichen: 2 cm, Weibchen fülliger.
Becken/Wasser: 60x30x30 cm, Wassertyp 2-5, 24-26 °C.
Haltung: Diese robuste *Boraras*-Art lässt sich gut in dicht bepflanzten Aquarien im größeren Schwarm (20-30 Tiere) pflegen. Fütterung mit feinstem Lebendfutter, z.B. *Artemia*, aber auch gut mit feinem Trockenfutter.
Lebensweise: Stammt hauptsächlich aus Sümpfen und Teichen Südostasiens mit feinfiedrigen Wasserpflanzen.
Vergesellschaftung: Mit allen Zwergfischen der unteren Beckenbereiche, die ähnliche Wasserwerte bevorzugen, z.B. Dornaugen, Knurrende Zwergguramis, Zwergpanzerwelse.

50 l

Sajica-Buntbarsch *Cryptoheros sajica*

auch: *Cichlasoma sajica, Archocentrus sajica*
Familie: Buntbarsche, Cichliden *Cichlidae* (→ Seite 10).
Kennzeichen: 11 cm, Männchen größer, längere Flossen.
Becken/Wasser: 100x40x40 cm, Wassertyp 5-6, 24-28 °C.
Haltung: Paarweise in strukturreich mit Wurzeln und Steinen eingerichteten Becken, die mit großblättrigen Pflanzen bestückt sein können. Eine Höhle als Revierzentrum. Fütterung mit allen gängigen Futtersorten.
Lebensweise: Flüsse und Bäche Costa Ricas mit leichter Strömung und Feinkies-Grund. Ernährt sich hauptsächlich vegetarisch. Paarbildender Versteckbrüter.
Vergesellschaftung: Mit einer Gruppe Lebendgebärender Zahnkarpfen, z.B. mit Platys oder Schwertträgern.

150 l

Saugschmerle *Gyrinocheilus aymonieri*

Familie: Saugschmerlen *Gyrinocheilidae* (→ Seite 17).
Kennzeichen: 27 cm, Männchen bleiben kleiner.
Becken/Wasser: 200x50x50 cm, Wassertyp 2-6, 24-28 °C.
Haltung: Große, stark beleuchtete Becken mit starker Strömung. Große Kieselsteine und Unterstände aus Steinplatten als Rückzugsmöglichkeit. Fütterung mit Pflanzen (z.B. Salatblätter, Gurkenscheiben) und »grünem« Trockenfutter. In einer Gruppe (mindestens 6) oder einzeln halten.
Lebensweise: Algenfresser, der in stark strömenden Bereichen von Bächen Thailands Algen von Kieseln abraspelt. Einzelne Alttiere manchmal aggressiv.
Vergesellschaftung: Mit wendigen asiatischen Barben (z.B. *Puntius fasciatus*) oder Bärblingen (z.B. *Devario*-Arten).

500 l

Scarlet-Blaubarsch *Badis bengalensis*

auch: *Badis sp. »Scarlet«, Badis badis bengalensis*
Familie: Blaubarsche *Badidae* (→ Seite 14).
Kennzeichen: 3 cm, Weibchen blasser und fülliger.
Becken/Wasser: 60x30x30cm, Wassertyp 2-4, 24-27 °C.
Haltung: In einem 60-l-Becken mit dichtem Pflanzenwuchs und einigen gewässerten Eichenblättern kann man 2 Männchen mit 4-5 Weibchen halten. Frisst feines Lebend- und Frostfutter, nimmt kein Trockenfutter an.
Lebensweise: Stammt aus krautigen Bächen Nordindiens.
Vergesellschaftung: Am besten nicht vergesellschaften oder nur mit anderen Zwergfischen, z.B. *Boraras*-Arten.
Ähnliche Art: Die früher häufiger gepflegte Blaubarschart *B. badis*, 6 cm, ist ruhiger und braucht kleine Höhlen.

50 l

Schabrackenpanzerwels *Corydoras barbatus*

Familie: Schwielenwelse *Callichthyidae* (→ Seite 9).
Kennzeichen: 12 cm, Weibchen gedrungener und fülliger.
Becken/Wasser: 120x50x50 cm, Wassertyp 3-5, 22-26 °C.
Haltung: Größter Panzerwels, der außer Flächen mit weichem Bodengrund und einigen Unterständen aus Pflanzen, Wurzeln oder Steinen auch viel freien Schwimmraum benötigt. Fütterung mit allen kleinen bis mittelgroßen Futtersorten, auch Trockenfutter. Gezielt füttern!
Lebensweise: Geselliger Fisch weichgründiger Bereiche mittelgroßer Flüsse des östlichen Südamerika.
Vergesellschaftung: Ideale Gesellschaft für südamerikanische Fische der mittleren und oberen Beckenregionen. Gut auch mit friedlichen Buntbarschen.

300 l

Schachbrettpanzerwels *Corydoras habrosus*

auch: *Corydoras cochui*
Familie: Schwielenwelse *Callichthyidae* (→ Seite 9).
Kennzeichen: 3 cm, Weibchen gedrungener und fülliger.
Becken/Wasser: 60x30x30 cm, Wassertyp 2-6, 24-27 °C.
Haltung: Schon in kleinen Becken mit sandigem Bodengrund und lockerer Bepflanzung gut zu pflegen. Nimmt feines Lebend- und Frostfutter, aber auch wie alle Panzerwelse Futtertabletten. Gezielt füttern!
Lebensweise: Gruppen bildender und recht lebhafter Fisch. Einer der kleinsten Panzerwelse. Nur aus wenigen Bach- oder Flussläufen Venezuelas bekannt.
Vergesellschaftung: Nur mit anderen kleinen oder zarten Fischen, z.B. kleinen Salmlern oder Hexenwelsen.

50 l

Schachbrettschmerle *Botia sidthimunki*

Familie: Schmerlen *Cobitidae* (→ Seite 17).
Kennzeichen: 6 cm, Weibchen fülliger. Achtung beim Herausfangen: kleiner Dorn unter dem Auge!
Becken/Wasser: 60x30x30 cm, Wassertyp 2-6, 26-29 °C.
Haltung: In bepflanzten und strukturreichen Becken. Kleines Lebend- und Trockenfutter.
Lebensweise: In stillen, oft trüben Gewässerbereichen einiger Flüsse und ihrer Überschwemmungsgebiete vor allem Thailands und Hinterindiens. Anders als viele andere *Botia* eine gesellige Art, die häufig im freien Wasser schwimmt.
Vergesellschaftung: Idealer Gesellschaftsfisch für kleinere Fische Asiens, die mittlere und obere Beckenregionen bewohnen: Barben, Bärblinge, Fadenfische.

50 l

Schillerbärbling *Danio albolineatus*
auch: *Brachydanio albolineatus*
Familie: Karpfenfische *Cyprinidae* (→ Seite 16).
Kennzeichen: 5,5 cm, Weibchen fülliger.
Becken/Wasser: 80x35x40 cm, Wassertyp 2-6, 22-26 °C.
Haltung: In Becken mit Strömung, Kieselsteinen und nicht zu heller Beleuchtung, die die schillernden Farben zur Geltung kommen lässt. Nimmt alle gängigen Futtersorten.
Lebensweise: Flinker Oberflächenbewohner schnell fließender Bäche Südostasiens, wo er nach Insekten jagt.
Vergesellschaftung: Ideal mit bodenbewohnenden Bachfischen Asiens, z.B. mit Bachschmerlen (*Schistura, Nemacheilus*) oder Flossensaugern (*Gastromyzon*).
Ähnliche Art: Inselbärbling, *Danio kerri*, 5 cm.

100 l

Schlafanzugwels *Ancistrus dolichopterus*
auch: Weißsaum-*Ancistrus, Ancistrus cf. hoplogenys*
Familie: Harnischwelse *Loricariidae* (→ Seite 9).
Kennzeichen: 15 cm, Männchen mit Kopftentakeln.
Becken/Wasser: 100x40x40 cm, Wassertyp 1-2, 27-29 °C.
Haltung: Paarweise in Becken mit gedämpftem Licht, vielen Holzwurzeln zum Abraspeln und Höhlenverstecken, z.B. getöpferten Welshöhlen aus dem Zoofachhandel. Im Gegensatz zu dem »normalen« Blauen Antennenwels verlangt diese Art Weichwasserbedingungen. Fütterung mit Pflanzenkost, Kleinkrebsen und Futtertabletten.
Lebensweise: In Totholzverhauen des Rio Negro, Brasilien.
Vergesellschaftung: Antennenwels für Schwarzwasserbecken, z. B. mit Skalaren, Zwergbuntbarschen und Salmlern.

150 l

Schlusslichtsalmler *Hemigrammus ocellifer*
Familie: Salmler aus der Familie *Characidae* (→ Seite 16).
Kennzeichen: 5 cm, Weibchen fülliger und farbloser.
Becken/Wasser: 80x35x40 cm, Wassertyp 2-5, 24-28 °C.
Haltung: Als Schwarm von mindestens 8 Tieren in dunkel eingerichteten und teilweise dicht bepflanzten Becken. Fütterung problemlos mit feinem Trocken- und Frostfutter.
Lebensweise: Sehr häufiger Schwarmfisch vor allem langsam fließender und stehender Gewässer Amazoniens und Guyanas. Der reflektierende Fleck auf der Schwanzwurzel ist auch in dunklen Gewässern zu sehen und hat möglicherweise mit dem Schwarmzusammenhalt zu tun.
Vergesellschaftung: Problemlos mit allen kleineren und mittelgroßen südamerikanischen Fischen, z.B. Skalaren.

100 l

Schmetterlingsbuntbarsch *Mikrogeophagus ramirezi*
auch: *Papiliochromis ramirezi*
Familie: Buntbarsche, Cichliden *Cichlidae* (→ Seite 10).
Kennzeichen: 5 cm, Weibchen mit violett-rotem Bauch, Männchen mit ausgezogenen Rückenflossenmembranen.
Becken/Wasser: 60x30x30 cm, Wassertyp 1-3, 26-30 °C.
Haltung: Wenn die Wasserwerte stimmen, einfach zu pflegender Fisch für die paarweise Haltung in teilweise dicht bepflanzten Becken. Alle kleineren Futtersorten.
Lebensweise: In ruhigen, pflanzenreichen Savannengewässern Venezuealas/Kolumbiens. Paarbildender Offenbrüter.
Vergesellschaftung: In etwas größeren Becken mit oberflächennah lebenden Salmlern und versteckbrütenden Zwergbuntbarschen, z.B. *Apistogramma hongsloi*.

50 l

Schmucksalmler *Hyphessobrycon rosaceus*
auch: *Hyphessobrycon bentosi*
Familie: Salmler der Familie *Characidae* (→ Seite 16).
Kennzeichen: 4,5 cm, Männchen mit längeren Flossen.
Becken/Wasser: 60x30x30 cm, Wassertyp 2-5, 23-27 °C.
Haltung: Gut für helle und locker bepflanzte Gesellschaftsbecken geeigneter Gruppenfisch. Leichte Strömung stimuliert die Lebhaftigkeit. Alle Futtersorten.
Lebensweise: Lebhafter Gruppenfisch, der in der leichten Strömung sandiger oder kiesiger Bäche schwimmt.
Vergesellschaftung: In größeren Becken mit Zwergbuntbarschen (z.B. *Apistogramma*, *Nannacara*), sonst mit Panzerwelsen, anderen Salmlern und kleineren Harnischwelsen (z.B. *Hemiloricaria*).

50 l

Schneckencichlide *Neolamprologus brevis*
Familie: Buntbarsche, Cichliden *Cichlidae* (→ Seite 10).
Kennzeichen: 6 cm, Weibchen kleiner, gelblicher Bauch.
Becken/Wasser: 60x30x30 cm, Wassertyp 5-6, 25-27 °C.
Haltung: Einzige Voraussetzungen sind eine etwa 5 cm hohe Sandschicht sowie einige leere Weinbergschneckenhäuser. Paarweise Haltung. Fütterung mit Kleinkrebsen (*Cyclops*, *Artemia*), auch Trockenfutter.
Lebensweise: Lebt paarweise in leeren Schneckenhäusern im Tanganjika-See. Im Gegensatz zu anderen Schneckenbuntbarschen lebt und brütet die Art paarweise und besetzt gemeinsam ein einziges Schneckenhaus.
Vergesellschaftung: In großen Becken mit nicht sandbewohnenden Tanganjika-Cichliden (z.B. *Cyprichromis*).

50 l

Schneckencichlide *Lamprologus ocellatus*

Familie: Buntbarsche, Cichliden *Cichlidae* (→ Seite 10).
Kennzeichen: 6 cm, Männchen werden deutlich größer.
Becken/Wasser: 60x30x30 cm, Wassertyp 5-6, 25-27 °C.
Haltung: Als Einrichtung genügt eine etwa 6 cm hohe Sandschicht sowie für jedes Tier ein ausgekochtes Weinbergschneckenhaus. Ein Männchen mit einem (in größeren Becken auch mehr) Weibchen halten. Nimmt alle gängigen Futtersorten, vor allem Kleinkrebse.
Lebensweise: Im Tanganjika-See, wo leere Schneckenhäuser im Sand liegen. Die Männchen bewohnen ein Schneckenhaus selbst und vergraben andere für vorbeikommende Weibchen. Haremsbildender Versteckbrüter.
Vergesellschaftung: In großen Becken mit *Cyprichromis*.

50 l

Schokoladenbrauner Hexenwels
Hemiloricaria lanceolata

auch: Lanzenharnischwels, *Rineloricaria lanceolata*
Familie: Harnischwelse *Loricariidae* (→ Seite 9).
Kennzeichen: 13 cm, Männchen mit Backenbart.
Becken/Wasser: 80x30x30 cm, Wassertyp 2-5, 24-28 °C.
Haltung: Paarweise in Becken mit klarem Wasser, Sand und einigen lang gestreckten Wurzeln. Fütterung mit Pflanzenfutter, gefrorenen Kleinkrebsen, Futtertabletten.
Lebensweise: Auf und unter Ästen, die in der Strömung kleiner, klarer Fließgewässer des Amazonasgebietes liegen.
Vergesellschaftung: Mit kleineren Salmlern und Zwergbuntbarschen (z.B. *Apistogramma*) Südamerikas.
Ähnliche Art: *Hemiloricaria sp.* »Rot«, 12 cm.

80 l

Schokoladengurami *Sphaerichthys osphromenoides*

Familie: Guramis, Familie *Osphronemidae* (→ Seite 15).
Kennzeichen: 5 cm, Männchen heller Afterflossensaum.
Becken/Wasser: 100x40x40 cm, Wassertyp 1, 24-27 °C.
Haltung: Etwa 6 Tiere unter Schwarzwasserbedingungen halten: mineralarmes Wasser mit Torffilterung, Bodengrund aus ausgekochtem Torf (regelmäßig wechseln). Strömung durch Motorfilter. Wurzeln als Versteck- und Ruheplätze. Mit kleinem Lebendfutter, auch *Drosophila*, füttern.
Lebensweise: Strömungsliebender Gruppenfisch der Schwarzwasserkanäle Südostasiens. Sucht nach Insektenlarven. Männchen eventuell untereinander aggressiv.
Vergesellschaftung: Mit anderen Schwarzwasserfischen der Region, z.B. Fünfgürtelbarben und Glühlichtbärblingen.

150 l

Schönflossen-Flösselhecht *Polypterus ornatipinnis*

Familie: Flösselhechte *Polypteridae* (→ Seite 6).
Kennzeichen: 60 cm, Männchen mit größerer Afterflosse. Jungtiere sind kontrastreicher gefärbt als Adulte.
Becken/Wasser: 200x60x40 cm, Wassertyp 2-5, 25-28 °C.
Haltung: Untereinander oft aggressive Art, die besser einzeln in Aquarien mit einem Unterstand (Wurzel, Bambusröhre) gehalten wird. Fütterung mit kräftigen Futtersorten, z.B. Fischfleisch, Garnelen, Pellets.
Lebensweise: Räuber großer Flüsse des Kongobeckens.
Vergesellschaftung: Nur mit größeren Fischen des Kongobeckens, die nicht als Futter betrachtet werden: Geradsalmler (*Distichodus*), große Fiederbartwelse (z.B. *Synodontis angelicus* und *S. decorus*).

500 l

Schoutedens Fiederbartwels *Synodontis schoutedeni*

Familie: Fiederbartwelse *Mochokidae* (→ Seite 9).
Kennzeichen: 17 cm, Geschlechter schwer zu unterscheiden.
Becken/Wasser: 120x50x50 cm, Wassertyp 2-5, 25-28 °C.
Haltung: Strukturreich mit großblättrigen Pflanzen und Wurzeln eingerichtetes Becken mit feinkörnigem Bodengrund. Fütterung mit gefrorenen oder lebenden Mückenlarven und Tabletten- oder Pelletfutter. Einzeln oder in einer Gruppe von mindestens 5 Tieren halten.
Lebensweise: Lebt in langsam fließenden, manchmal pflanzenreichen Bächen und Flussabschnitten im Kongobecken. Im Gegensatz zu anderen Fiederbartwelsen auch tagaktiv.
Vergesellschaftung: Mit Fischen des Kongobeckens, z.B. Kongosalmler-Arten (*Phenacogrammus*, *Bathyaethiops*).

300 l

Schrägschwimmer *Thayeria boehlkei*

Familie: Salmler aus der Familie *Characidae* (→ Seite 16).
Kennzeichen: Bis etwa 6 cm, Weibchen fülliger.
Becken/Wasser: 80x35x40 cm, Wassertyp 2-5, 24-28 °C.
Haltung: Mindestens 6-8 Tiere in locker bepflanzten Becken, wo sie die mittleren bis oberen Beckenbereiche bewohnen. Fütterung mit allen kleineren Futtersorten, besonders gern mit Mückenlarven und kleinen Insekten.
Lebensweise: Schwarmfisch Südamerikas.
Vergesellschaftung: Ruhige Art, die gut zu eher bodennah lebenden Salmlern (*Hemigrammus, Hyphessobrycon*), Zwergbuntbarschen (*Apistogramma, Laetacara*), Panzer- (*Corydoras*) und Hexenwelsen (*Hemiloricaria*) passt.
Ähnliche Art: *Thayeria obliqua*, 8 cm.

100 l

Schrägsteher *Nannostomus eques*
auch: *Nannobrycon eques*
Familie: Schlanksalmler *Lebiasinidae* (→ Seite 16).
Kennzeichen: 5 cm, Weibchen fülliger.
Becken/Wasser: 60x30x30 cm, Wassertyp 2-4, 26-29 °C.
Haltung: Dunkle Becken mit Schwimm- und Stängelpflanzen, dünnen Wurzeln. Keine Strömung. Fütterung mit kleinen Insekten, Schwarzen Mückenlarven, Trockenfutter.
Lebensweise: Aparter Fisch der Oberflächen ruhiger Bereiche amazonischer Flüsse und Seen. Scheint dort Insekten zu fressen. Schwimmt immer in schräger Stellung.
Vergesellschaftung: Als Oberflächenfisch gut mit anspruchsvollen amazonischen Kleinfischen der unteren Beckenregionen, z.B. *Apistogramma*-Arten.

50 l

Schwalbenschwanz-Schwimmwels *Pareutropius buffei*
auch: *Eutropiellus buffei*
Familie: Glaswelse *Schilbeidae* (→ Seite 9).
Kennzeichen: 8 cm, Weibchen fülliger.
Becken/Wasser: 100x40x40 cm, Wassertyp 2-5, 24-28 °C.
Haltung: In hellen Becken mit starker Strömung, lockerer Bepflanzung und Wurzelunterständen. Fütterung mit allen kleineren Futtersorten. Mindestens 6 Tiere pflegen.
Lebensweise: Lebhafter Schwarmfisch schnell fließender Uferabschnitte größerer Klarwasserflüsse Nigerias.
Vergesellschaftung: Idealer Gesellschaftsfisch für den Freiwasserbereich eines Afrikabeckens, z.B. mit kleinen Fiederbartwelsen (*Synodontis*) und Prachtbuntbarschen.
Ähnliche Art: *Pareutropius debauwi*, 8 cm.

150 l

Schwanenfelds Barbe *Barbodes schwanenfeldii*
auch: *Puntius schwanenfeldi, Barbus schwanenfeldi*
Familie: Karpfenfische *Cyprinidae* (→ Seite 16).
Kennzeichen: 35 cm, Weibchen plumper.
Becken/Wasser: 320x60x60 cm, Wassertyp 2-5, 22-28 °C.
Haltung: In Großaquarien mit viel Schwimmraum, sandigem Boden und einigen Wurzeln. Fütterung mit Trockenfutter auf pflanzlicher Basis, allen gängigen Futtersorten.
Lebensweise: Robuste Art, die in den verschiedensten Gewässertypen Südostasiens vorkommt. Frisst in der Natur hauptsächlich pflanzliche Nahrung. Beliebter Speisefisch.
Vergesellschaftung: Nur mit größeren anderen Fischarten, z.B. Prachtschmerlen und Asiatischen Gabelbärten. Kleine Fische werden gelegentlich verspeist.

1200 l

Schwarzer Neon   *Hyphessobrycon herbertaxelrodi*

Familie: Salmler aus der Familie *Characidae* (→ Seite 16).
Kennzeichen: 4 cm, Weibchen fülliger.
Becken/Wasser: 60x30x30 cm, Wassertyp 2-4, 24-28 °C.
Haltung: Wegen ihrer Robustheit beliebte Art, die in dunkel eingerichteten, dicht bepflanzten Aquarien gut aufgehoben ist. Fütterung mit kleineren Futtersorten, auch Trockenfutter. Mindestens 8 Tiere halten.
Lebensweise: Schwarmfisch der mittleren Beckenregion aus verschiedenen Gewässern des Mato Grosso (Brasilien).
Vergesellschaftung: Mit Salmlern, Panzerwelsen, Harnischwelsen und Zwergbuntbarschen Südamerikas.
Ähnliche Arten: Metasalmler, *Hyphessobrycon metae*, 4 cm; *Hyphessobrycon loretoensis*, 4 cm.

50 l

Schwarzer Phantomsalmler
Hyphessobrycon megalopterus
auch: *Megalomphodus megalopterus*

Familie: Salmler der Familie *Characidae* (→ Seite 16).
Kennzeichen: 4,5 cm, Männchen mit größeren Flossen.
Becken/Wasser: 60x30x30 cm, Wassertyp 2-5, 23-26 °C.
Haltung: Wenige Männchen und einige Weibchen in dunkel eingerichteten Becken mit dichter Randbepflanzung und kleinen Solitärpflanzen. Alle kleineren Futtersorten.
Lebensweise: Gruppenfisch schattiger und pflanzenreicher Gewässer Südbrasiliens. Männchen revierbildend.
Vergesellschaftung: Mit südamerikanischen Zwergbuntbarschen (z.B. *Apistogramma*-Arten) oder kleinen Panzerwelsen und Oberflächenfischen, z.B. Spritzsalmlern).

50 l

Schwarzweißer Schlankcichlide
Julidochromis transcriptus

Familie: Buntbarsche, Cichliden *Cichlidae* (→ Seite 10).
Kennzeichen: 7 cm, Geschlechter schwer unterscheidbar.
Becken/Wasser: 60x30x30 cm, Wassertyp 5-6, 25-27 °C.
Haltung: In mit Felsaufbauten eingerichteten Aquarien. Fütterung mit Frostfutter auf Krebstierbasis und qualitativ hochwertigem Trockenfutter. Die Aquarieneinrichtung nicht verändern, da sich Paare sonst leicht zerstreiten.
Lebensweise: Felsenzone des Tanganjika-Sees. Ernährt sich von Kleintieren. Meist paarbildene Versteckbrüter.
Vergesellschaftung: In größeren Becken mit anderen Tanganjika-Cichliden, z.B. *Xenotilapia* und *Cyprichromis*.
Ähnliche Art: Gelber Schlankcichlide, *J. ornatus*, 8 cm.

50 l

Sechsstreifenhechtling *Epiplatys sexfasciatus*
auch: *Epiplatys infrafasciatus*
Familie: Hechtlinge, Familie *Aplocheilidae* (→ Seite 19).
Kennzeichen: 10 cm, Männchen bunter und größer.
Becken/Wasser: 80x35x40 cm, Wassertyp 2-4, 23-28 °C.
Haltung: Ein Männchen mit mehreren Weibchen in oberflächennah teilweise mit Schwimmpflanzen oder Wurzeln strukturierten Becken, die nicht zu hell sind. Ernährung mit Insekten, Mückenlarven, eventuell auch Trockenfutter.
Lebensweise: Insekten fressender Oberflächenfisch kleiner Bäche des Tiefland-Regenwaldes in Kamerun und Nigeria.
Vergesellschaftung: Robuster Gesellschaftsfisch für afrikanische Zwergbuntbarsche, Barben und Salmler.
Ähnliche Art: *Epiplatys fasciolatus,* 9 cm.

100 l

Segelflossen-Schilderwels *Glyptoperichthys gibbiceps*
auch: Leopardschilderwels, *Pterogoplichthys gibbiceps*
Familie: Harnischwelse *Loricariidae* (→ Seite 9).
Kennzeichen: Maximal 50 cm, Männchen schlanker.
Becken/Wasser: 320x70x70 cm, Wassertyp 2-6, 25-30 °C.
Haltung: Einzeln oder im Trupp in Aquarien mit röhrenartigen Versteckplätzen für jedes Tier. Wurzelholz als Ballaststofflieferant und Grünfutter, Pelletfutter.
Lebensweise: Gesellige, dämmerungs- und nachtaktive Art, die wegen der Fähigkeit zur Darmatmung auch in heißen, sauerstoffarmen Restwassertümpeln überleben kann. Aus dem Einzugsgebiet des Amazonas in Brasilien.
Vergesellschaftung: Friedliche Art, die auch mit kleinen Fischen aller Art zusammen gehalten werden kann.

1500 l

Segelkärpfling *Poecilia velifera*
Familie: Lebendgeb. Zahnkarpfen der *Poeciliidae* (→ S. 19).
Kennzeichen: 15 cm, Männchen mit Begattungsorgan.
Becken/Wasser: 150x50x50 cm, Wassertyp (6-)7, 25-28 °C.
Haltung: Als Gruppe nur in geräumigen, stark beleuchteten Brackwasser-Aquarien. Fütterung hauptsächlich mit Pflanzennahrung (z.B. pflanzenhaltiges Trockenfutter, überbrühte Salatblätter), als Abwechslung auch andere Futtersorten, z.B. gefrostete *Cyclops* oder *Artemien.*
Lebensweise: Gruppenfisch küstennaher Gewässer Mexikos. Männchen balzen mit aufgestellter Rückenflosse.
Vergesellschaftung: Am besten mit anderen Brackwasserfischen, z.B. Schützenfischen (*Toxotes*).
Ähnliche Art: Breitflossenkärpfling, *P. latipinna,* 15 cm.

400 l

Siamesische Rüsselbarbe *Crossocheilus oblongus*
auch: *Crossocheilus siamensis*
Familie: Karpfenfische *Cyprinidae* (→ Seite 16).
Kennzeichen: 15 cm, Geschlechtsunterschiede unbekannt.
Becken/Wasser: 120x50x50 cm, Wassertyp 2-5, 24-28 °C.
Haltung: Hervorragender Algenfresser für größere Aquarien. 3-5 Tiere fressen auch hartnäckige Algen in ansonsten mit Wurzeln und Steinen strukturreich eingerichteten Becken. Fütterung hauptsächlich mit pflanzenhaltigem Trockenfutter auf Tablettenbasis.
Lebensweise: Bodenfisch der Flüsse Südostasiens, wo sich die Art hauptsächlich von Algen ernährt.
Vergesellschaftung: Friedlicher und robuster Gesellschaftsfisch für fast alle Fische, auch kleinere.

300 l

Siamesischer Kampffisch *Betta splendens*
Familie: Kampffische, Familie *Osphronemidae* (→ Seite 15).
Kennzeichen: 6 cm, Männchen bunter und langflossiger.
Becken/Wasser: 60x30x30 cm, Wassertyp 2-6, 24-28 °C.
Haltung: Paarweise in dicht bepflanzten, mit Schwimmpflanzen eingerichteten Becken. Versteckplätze durch Wurzeln. Männchen besonders der Zuchtformen untereinander sehr aggressiv. Einzelhaltung der Männchen in Gläsern – wie früher üblich – ist Tierquälerei!
Lebensweise: Oberflächenfisch krautiger Gewässer Thailands. Frisst dort wahrscheinlich vor allem Insektenlarven.
Vergesellschaftung: Mit kleinen Barben und Bodenfischen.
Ähnliche Art: Zuchtformen im Handel, die auf Langflossigkeit und Aggressivität hin gezüchtet werden.

50 l

Sichelfleck-Panzerwels *Corydoras hastatus*
Familie: Schwielenwelse *Callichthyidae* (→ Seite 9).
Kennzeichen: 3,5 cm, Weibchen fülliger und größer.
Becken/Wasser: 60x30x30 cm, Wassertyp 2-6, 25-28 °C.
Haltung: Kleines Schwarmfischchen für dicht bepflanzte, helle Becken. Mindestens 6-10 Tiere pflegen. Fütterung mit feinem Lebend- und Frostfutter (z.B. *Cyclops* oder *Artemia*-Nauplien), aber auch Trockenfutter.
Lebensweise: Schwimmt als einer der wenigen Panzerwelse oft und gern im freien Wasser. Lebt in verkrauteten Bereichen kleiner Gewässer im Mato Grosso, Brasilien.
Vergesellschaftung: Nur mit kleinen Fischen, z.B. bodenbewohnenden Panzerwelsen und kleinen Salmlern.
Ähnliche Art: Zwergpanzerwels, *Corydoras pygmaeus*, 3 cm.

50 l

Sichelflossen-Scheibensalmer *Myleus rubripinnis*

Familie: Sägesalmler, Familie *Characidae* (→ Seite 16).
Kennzeichen: 39 cm, erwachsene Weibchen fülliger.
Becken/Wasser: 320x70x70 cm, Wassertyp 2-5, 25-28 °C.
Haltung: Auffälliger Salmler für große, unbepflanzte Becken, die einerseits freien Schwimmraum, andererseits Unterstände aus Wurzeln als Rastplätze bieten. Fütterung mit Grünfutter und Trockenfutter auf pflanzlicher Basis. Schreckhafte Art: nur für ruhig stehende Aquarien.
Lebensweise: Schwarmbildender Großsalmler (mindestens 6 Tiere halten) großer Flüsse Südamerikas, der Blätter überhängender Bäume entlang der Flussufer frisst.
Vergesellschaftung: In großen Becken mit ruhigen Groß-cichliden (z.B. *Geophagus*) und Welsen (z.B. *Sorubim*).

1500 l

Silberbeilbauch *Gasteropelecus sternicla*

Familie: Beilbauchsalmler *Gasteropelecidae* (→ Seite 16).
Kennzeichen: 6 cm, Männchen bei Laichreife fülliger.
Becken/Wasser: 100x40x40 cm, Wassertyp 2-5, 25-28 °C.
Haltung: Großflächige Becken mit leichter (!) Strömung an der Oberfläche. Einige Schwimmpflanzen vorteilhaft. Insek-tenfutter (Obstfliegen, Schwarze Mückenlarven), nach Gewöhnung auch Trockenfutter. Mindestens 6 Tiere halten.
Lebensweise: Oberflächenfisch der Bäche und Sümpfe Amazoniens. Lebt in Gruppen direkt unter der Oberfläche und frisst hauptsächlich kleine Insekten. Kann kleine Strecken über Wasser »fliegen«, vor allem auf der Flucht.
Vergesellschaftung: Mit allen kleinen bis mittelgroßen Fischen der mittleren und unteren Beckenregionen.

150 l

Silberflossenblatt *Monodactylus argenteus*

Familie: Flossenblätter *Monodactylidae* (→ Seite 11).
Kennzeichen: 25 cm, Geschlechter schwer unterscheidbar.
Becken/Wasser: 250x80x70 cm, Wassertyp 7(!), 26-29 °C.
Haltung: Brackwasserfisch, der auf Dauer nicht in Süßwas-ser gehalten werden sollte. Stark beleuchtetes Becken mit Mangrovenwurzeln. Fütterung mit gängigen kräftigen Futtersorten, auch Garnelen und kleine Fische.
Lebensweise: Häufige, schwarmbildende Art des indopazi-fischen Mangrovengürtels, die gelegentlich ins Süßwasser großer Flüsse eindringt.
Vergesellschaftung: Mit anderen Brackwasserfischen, z.B. Schützenfischen (*Toxotes*) und Minihaien (*Ariopsis*).
Ähnliche Art: Seba-Flossenblatt, *M. sebae*, 25 cm.

1400 l

Skalar *Pterophyllum scalare*
auch: Segelflosser
Familie: Buntbarsche, Cichliden *Cichlidae* (→ Seite 10).
Kennzeichen: Länge bis 15 cm, Höhe bis 26 cm. Geschlechter sind nur schwer zu unterscheiden.
Becken/Wasser: 100x50x50 cm, Wassertyp 2-4, 25-29 °C.
Haltung: In locker bepflanzten Becken gruppenweise. Einrichtung aus von oben in das Becken ragenden Wurzeln und großblättrigen Pflanzen. Fütterung mit diversem Frostfutter, Mückenlarven und hochwertigem Trockenfutter.
Lebensweise: Ruhiger Gruppenfisch größerer, meist klarer Gewässer Amazoniens. »Steht« ruhig zwischen Wurzeln und Pflanzen. Paarbildender Offenbrüter.
Vergesellschaftung: Größere Salmler (keine Neons), Welse.

250 l

Smaragd-Panzerwels *Brochis splendens*
Familie: Schwielenwelse *Callichthyidae* (→ Seite 9).
Kennzeichen: 8 cm, Männchen schlanker.
Becken/Wasser: 100x50x50 cm, Wassertyp 2-5, 23-27 °C.
Haltung: Gruppenweise in Becken mit großer Bodenfläche, einigen Unterständen aus großblättrigen Pflanzen und Wurzeln. Teilweise Sandboden. Fütterung mit Futtertabletten und gefrorenen Kleinkrebsen.
Lebensweise: Gruppenfisch langsam fließender, flacher, oft schlammiger Gewässer des Amazonas-Areals, Südamerika.
Vergesellschaftung: Friedlicher Gesellschafter für alle südamerikanischen Fische der gleichen Region, z.B. Diskusfische, Skalare, Salmler und »wurzelbewohnende« Harnischwelse, z.B. *Ancistrus*-Arten.

250 l

Sonnenstrahl-Ährenfisch *Marosatherina ladigesi*
auch: Celebes-Ährenfisch, *Telmatherina ladigesi*
Familie: Sulawesi-Ährenfische *Telmatherinidae* (→ Seite 18).
Kennzeichen: 7 cm, Männchen mit längeren Flossen.
Becken/Wasser: 100x40x40 cm, Wassertyp 4-6, 25-28 °C.
Haltung: Fisch für helle Becken mit lockerer Bepflanzung und viel freiem Schwimmraum. Kleines Lebend-, auch Trockenfutter. Empfindlich auf schlechte Wasserpflege.
Lebensweise: Lebhafter Schwarmfisch, der aus kalkreichen Bächen eines einzigen Karstgebietes der Insel Sulawesi (= Celebes) stammt. Ernährung in der Natur unbekannt.
Vergesellschaftung: Mit allen bodennah lebenden Fischen, die relativ kalkhaltiges Wasser vertragen, z.B. auch mit Tanganjika-Buntbarsche, z.B. *Julidochromis*-Arten.

150 l

Spatelwels *Sorubim lima*

Familie: Antennenwelse *Pimelodidae* (→ Seite 9).
Kennzeichen: 53 cm, Geschlechter schwer zu erkennen.
Becken/Wasser: 320x60x60 cm, Wassertyp 2-5, 24-29 °C.
Haltung: Gruppenweise in großen Becken mit Unterständen aus Wurzeln und großblättrigen Pflanzen. Kräftige Fütterung mit lebenden oder nach Gewöhnung toten Fischen.
Lebensweise: Die nachtaktive Art der großen Flüsse Amazoniens ruht tagsüber meistens kopfüber in ihren Unterständen »stehend«. Nachts gehen die Fische in der Gruppe auf die Jagd nach Fischen und Garnelen. Von Zeit zu Zeit häuten sich die Fische, was völlig normal ist.
Vergesellschaftung: Nur mit Fischen, die nicht gefressen werden: Scheibensalmler, Großcichliden, Arowanas.

1500 l

Spitzschwanzmakropode *Pseudosphromenus cupanus*

auch: Schwarzer Spitzschwanzmakropode
Familie: Labyrinthfische, Familie *Osphronemidae* (→ S. 15).
Kennzeichen: 7 cm, Männchen langflossiger und bunter.
Becken/Wasser: 60x30x30 cm, Wassertyp 2-6, 23-27 °C.
Haltung: Genügsame Art, die ihr Verhaltensrepertoire in dunkel eingerichteten und gut bepflanzten Becken zeigt. Paarweise halten, wobei jeder seine eigene Höhle braucht.
Lebensweise: Sehr ruhiger Bewohner flacher sumpfartiger Gewässer Südasiens, z.B. Indiens, in denen er zwischen Falllaub und Wasserpflanzen nach Insektenlarven sucht.
Vergesellschaftung: Mit ruhigeren Bärblingen der oberen Wasserregion, z.B. *Rasbora dorsiocellata.*
Ähnliche Art: *Pseudosphromenus dayi*, 8 cm.

50 l

Spritzsalmler *Copella arnoldi*

Familie: Schlanksalmler *Lebiasinidae* (→ Seite 16).
Kennzeichen: 7 cm, Männchen größer, längere Flossen.
Becken/Wasser: 60x30x30 cm, Wassertyp 2-5, 24-29 °C.
Haltung: Wenige Männchen mit einigen Weibchen in Becken, dessen Wasseroberfläche auf etwa 10 cm unterhalb der Deckscheibe abgesenkt ist. Schwimmpflanzen. Über der Oberfläche Landpflanzenblätter (Efeutute) wachsen lassen.
Lebensweise: Oberflächenfisch der Uferregion klarer Bäche der Guyana-Länder (Südamerika). Die Männchen laichen mit den Weibchen außerhalb des Wassers an Landpflanzenblättern und bespritzen den Laich mit Wasser von unten.
Vergesellschaftung: Idealer Gesellschaftsfisch für empfindliche Zwergbuntbarsche (*Apistogramma*-Arten).

50 l

Stachelaal *Mastacembelus favus*
Familie: Stachelaale *Mastacembelidae* (→ Seite 21).
Kennzeichen: 70 cm, Weibchen dicker.
Becken/Wasser: 200x60x50 cm, Wassertyp 2-5, 25-29 °C.
Haltung: Einzeln oder gruppenweise in Becken mit Strömung und feinkiesigem Boden, in den sie sich eingraben. Höhlenverstecke. Nimmt kräftiges Lebend- und Frostfutter.
Lebensweise: Nachtaktiver Räuber von Insekten und Krebstieren in zum Teil schnell fließenden Tieflandflüssen Südostasiens. Die intelligenten Tiere geben nach einiger Zeit ihre versteckte Lebensweise auf und werden zutraulich.
Vergesellschaftung: Wegen der räuberischen Lebensweise nur mit größeren hochrückigen Arten, z.B. großen Barben.
Ähnliche Art: *Mastacembelus erythrotaenia*, 100 cm.

600 l

Sterbas Panzerwels *Corydoras sterbai*
Familie: Schwielenwelse *Callichthyidae* (→ Seite 9).
Kennzeichen: 6 cm, Weibchen fülliger.
Becken/Wasser: 80x35x40 cm, Wassertyp 2-5, 23-26 °C.
Haltung: Gruppenweise Haltung in Becken mit teilweise sandigem Bodengrund, lockerer Bepflanzung und Struktur, die sie zum Rasten aufsuchen. Schätzen wie viele Panzerwelse eine leichte Strömung. Fütterung mit feinem Lebend-, Frost- und Trockenfutter. Gezielt füttern!
Lebensweise: Sehr gesellige Tiere weichgründiger Gewässerbereiche des brasilianischen Rio Guaporé.
Vergesellschaftung: Ideale Gesellschaft für südamerikanische Fische der mittleren und oberen Beckenregionen. In kleinen Becken nicht mit Buntbarschen.

100 l

Sternhimmel-Dornwels *Agamyxis albopunctatus*
auch: Weißpunkt-Dornwels, *Agamyxis pectinifrons*
Familie: Echte Dornwelse *Doradidae* (→ Seite 9).
Kennzeichen: 16 cm, Geschlechtsunterschiede unbekannt.
Becken/Wasser: 80x35x40 cm, Wassertyp 2-5, 25-29 °C.
Haltung: Einzeln oder zu mehreren in dunkel gehaltenen Becken mit teilweise sandigem Bodengrund und Verstecken. Fütterung nach Abschalten der Beleuchtung mit kräftigem Frostfutter oder Futtertabletten. Nicht überfüttern.
Lebensweise: Nachtaktive Art Amazoniens, die tagsüber in einer Höhle versteckt bleibt.
Vergesellschaftung: Mit allen nicht zu kleinen Fischarten, die ähnliche Wasseransprüche haben.
Ähnliche Art: Streifendornwels, *Platydoras costatus*, 22 cm.

100 l

Störwels *Sturisoma festivum*
auch: Langflossen-Störwels, *Sturisoma aureum*, S. panamense
Familie: Harnischwelse *Loricariidae* (→ Seite 9).
Kennzeichen: 25 cm, Männchen mit Backenbart.
Becken/Wasser: 120x50x50 cm, Wassertyp 2-5, 25-29 °C.
Haltung: Waagerechte Wurzeläste in dunkel gehaltenen Becken, eine Hälfte des Beckens freie Sandfläche. Fütterung mit Grünfutter, Futtertabletten, gefrosteten Kleinkrebsen.
Lebensweise: Im Totholzverhau ruhig fließender Gewässer des Amazonasbeckens.
Vergesellschaftung: Guter Gesellschaftsfisch für ruhige Zwerg- und Großcichliden Südamerikas, aber auch Salmler.
Ähnliche Art: *Sturisomatichthys leightoni*, ca. 15 cm.

300 l

Streifenhechtling *Aplocheilus lineatus*
Familie: Hechtlinge, Familie *Aplocheilidae* (→ Seite 19).
Kennzeichen: 12 cm, Männchen größer und bunter.
Becken/Wasser: 80x35x40 cm, Wassertyp 2-6, 24-29 °C.
Haltung: Ein Männchen mit mehreren Weibchen in teilweise dicht bepflanzten Becken (Schwimmpflanzen). Fütterung mit Insekten (Kleine Heimchen, Fliegen etc.) wichtig.
Lebensweise: Räuberischer Oberflächenfisch vieler verschiedener Gewässertypen Indiens, der auf Insekten und Jungfische lauert. Männchen untereinander aggressiv.
Vergesellschaftung: Nur mit etwas größeren, ruhigen Fischen anderer Beckenregionen, z.B. asiatischen Barben (z.B. *Puntius*) oder Schmerlen (z.B. *Botia*).
Ähnliche Art: *Aplocheilus panchax*, 7 cm.

100 l

Streifenschmerle *Botia striata*
auch: Zebraschmerle
Familie: Schmerlen *Cobitidae* (→ Seite 17).
Kennzeichen: 8 cm, Geschlechter schwer zu unterscheiden. Achtung beim Fangen: kleiner Dorn unter dem Auge!
Becken/Wasser: 80x35x40 cm, Wassertyp 2-5, 23-27 °C.
Haltung: Mehrere Tiere in locker bepflanzten Becken mit einigen Unterständen pflegen. Teilweise sandiger Boden erlaubt das Gründeln. Frisst kleine Schnecken und kann zur Schneckenkontrolle im Aquarium eingesetzt werden.
Lebensweise: Friedlicher Schneckenfresser. Heimat Indien.
Vergesellschaftung: Idealer Bodenfisch für asiatische Gesellschaftsbecken mit Barben, Bärblingen und Labyrinthfischen, die die oberen Beckenregionen bewohnen.

100 l

Stromlinien-Panzerwels *Corydoras arcuatus*

Familie: Schwielenwelse *Callichthyidae* (→ Seite 9).
Kennzeichen: 6 cm, Weibchen fülliger.
Becken/Wasser: 60x30x30 cm, Wassertyp 2-5, 23-28 °C.
Haltung: Gruppenweise Haltung in Becken mit teilweise sandigem Bodengrund, lockerer Bepflanzung und Struktur, die sie zum Rasten aufsuchen. Fütterung mit feinem Lebend-, Frost- und Trockenfutter. Gezielt füttern!
Lebensweise: Gesellige Tiere weichgründiger Gewässerbereiche im Einzug des oberen Amazonas in Peru.
Vergesellschaftung: Ideale Gesellschaft für südamerikanische Fische der mittleren und oberen Beckenregionen. In kleinen Becken nicht mit Buntbarschen.
Ähnliche Arten: *C. metae* und *C. melini*, beide ca. 5 cm.

50 l

Stromschnellen-Fiederbartwels *Synodontis brichardi*

Familie: Fiederbartwelse *Mochokidae* (→ Seite 9).
Kennzeichen: 15 cm, Geschlechter schwer unterscheidbar.
Becken/Wasser: 150x50x50 cm, Wassertyp 3-4, 24-27 °C.
Haltung: Gruppenweise (ab 5 Fische) in großflächigen Aquarien mit Strömung und Steinplatten als Verstecken. Abwechslungsreiche Fütterung mit verschiedenen Frostfutterarten und Flockenfutter auf Pflanzenbasis. Keine Roten Mückenlarven: Sie führen zu Verdauungsproblemen.
Lebensweise: In den Stromschnellen des unteren Kongo. Die flache Körperform und das Saugmaul lassen auf einen spezialisierten Stromschnellenfisch schließen.
Vergesellschaftung: Mit Fischen des unteren Kongo: *Nanochromis parilus*, *Teleogramma brichardi*, Kongosalmler.

400 l

Südamerikanischer Blattfisch
Monocirrhus polyacanthus

Familie: Nanderbarsche *Nandidae* (→ Seite 13).
Kennzeichen: 8 cm, Weibchen mit Laich etwas fülliger.
Becken/Wasser: 60x30x30 cm, Wassertyp 1-3, 26-29 °C.
Haltung: Paarweise Haltung in kleinen, dunkel gehaltenen Becken, wenn Verstecke (Wurzeln, Bepflanzung mit großblättrigen Pflanzen, Schwimmpflanzen) vorhanden sind. Nimmt nur lebende Futterfischchen oder Mückenlarven.
Lebensweise: Lebt in der Ufervegetation meist stiller Gewässer Amazoniens. Ahmt auf der Suche nach Beutefischen Falllaubblätter nach.
Vergesellschaftung: Wird am besten unter sich gehalten.
Ähnliche Art: *Polycentrus schomburgkii*, 10 cm.

50 l

Sumatrabarbe *Puntius tetrazona*

Familie: Karpfenfische *Cyprinidae* (→ Seite 16).
Kennzeichen: 7 cm, Männchen intensiver gefärbt.
Becken/Wasser: 100x50x50 cm, Wassertyp 2-6, 23-28 °C.
Haltung: Mindestens 8-12 Fische halten und stets ausreichend füttern. Zu wenige gehaltene Tiere werden anderen Fischen oft lästig – wahrscheinlich aus »Langeweile«. Fütterung mit allen gängigen Futtersorten; Grünfutter zum »Knabbern« nicht vergessen, z.B. Salat.
Lebensweise: Äußerst lebhafter und unruhig wirkender Gruppenfisch des Bodenbereichs langsam fließender und stehender Gewässer Sumatras (Indonesien).
Vergesellschaftung: Nur mit robusten und ebenfalls lebhaften Arten, z.B. Schmerlen oder *Danio*-Arten.

250 l

Süßwasserflunder *Trinectes maculatus*
auch: *Achirus fasciatus*

Familie: Schollen *Achiridae* (→ Seite 20).
Kennzeichen: 20 cm, Geschlechtsunterschiede unbekannt.
Becken/Wasser: 120x60x50 cm, Wassertyp 6-7, 18-24 °C.
Haltung: Großflächige Becken mit Sandboden zum Eingraben. Fütterung mit Tubifex, Mückenlarven, Tablettenfutter.
Lebensweise: Marine Art, die weit in das Süßwasser vordringt und vor allem aus Florida importiert wird.
Vergesellschaftung: Mit friedlichen, nicht zu kleinen Fischen der mittleren und oberen Beckenregionen.
Besonderes: Es werden aus Asien und Südamerika andere nicht genau bestimmte Süßwasserflundern eingeführt. Einige sind echte Süßwasserfische und bleiben kleiner.

350 l

Tamandua-Nilhecht *Campylomormyrus tamandua*

Familie: Nilhechte *Mormyridae* (→ Seite 7).
Kennzeichen: 43 cm, Männchen mit konkaver Afterflosse.
Becken/Wasser: 320x60x60 cm, Wassertyp 2-5, 25-29 °C.
Haltung: 2 Männchen und 3 Weibchen in versteckreichen Becken (ein Versteck pro Tier). Kräftige Fütterung abends oder besser nachts mit gefrosteten Roten Mückenlarven.
Lebensweise: Nachtaktive Art felsiger und stark strömender Flussabschnitte des Niger und Kongo. Stöbert mit dem pinzettenartigen Maul in Felsnischen nach Insektenlarven. Kommuniziert und ortet mit schwachen elektrischen Entladungen. Untereinander aggressiv.
Vergesellschaftung: Mit ruhigen Salmlern (z.B. *Phenacogrammus*), die keine Nahrungskonkurrenz darstellen.

1200 l

Tanganjika-Beulenkopf *Cyphotilapia frontosa*
auch: Tanganjika-Buckelkopf
Familie: Buntbarsche, Cichliden *Cichlidae* (→ Seite 10).
Kennzeichen: 33 cm, Männchen mit längeren Flossen.
Becken/Wasser: 200x60x60 cm, Wassertyp 5-6, 25-27 °C.
Haltung: Friedliche Art, von der man 2 Männchen mit mehreren Weibchen in Becken mit wenigen geräumigen Höhlen hält. Mit Garnelen und gefrorenem Fisch füttern.
Lebensweise: Fischfresser des Tanganjika-Sees, der hauptsächlich nachts schlafende kleine Cichliden (z.B. *Cyprichromis*) frisst. Bildet manchmal Gruppen. Nicht paarbildender Maulbrüter im weiblichen Geschlecht.
Vergesellschaftung: Mit größeren Cichliden des Tanganjika-Sees (z.B. *Cyathopharynx*) und Kuckuckswelsen.

700 l

Tanganjika-Clown *Eretmodus cyanostictus*
Familie: Buntbarsche, Cichliden *Cichlidae* (→ Seite 10).
Kennzeichen: 10 cm, Geschlechter schwer unterscheidbar.
Becken/Wasser: 100x40x40 cm, Wassertyp 5-6, 25-27 °C.
Haltung: Paarweise Haltung in stark beleuchteten, mit Felsen und Kieselsteinen eingerichteten Becken. Fütterung ausschließlich mit ballaststoffreicher Kost (Garnelenmix, *Spirulina* haltiges Trockenfutter). Strömung vorteilhaft.
Lebensweise: Paarbildender Maulbrüter im Felsengeröll aus der Brandungszone des Tanganjika-Sees. Algenfresser.
Vergesellschaftung: Gut mit *Tropheus*-Arten. Nicht mit Arten, die anderes Futter als ballaststoffreiche Nahrung benötigen, weil *Eretmodus* anderes Futter nicht verträgt.
Ähnliche Art: *Tanganicodus irascae*, 7 cm.

150 l

Tausenddollarfisch *Chitala ornata*
auch: Indischer Fähnchen-Messerfisch, *Notopterus chitala*
Familie: Altwelt-Messerfische *Notopteridae* (→ Seite 7).
Kennzeichen: 100 cm, Geschlechtsunterschiede unbekannt.
Becken/Wasser: 320x80x80 cm für Jungtiere, ansonsten nur für Schauaquarien, Wassertyp 2-6, 24-28 °C.
Haltung: Räuberischer Fisch für Einzel- oder Gruppenhaltung in Riesenbecken. Für große Unterstände sorgen. Man sollte sich zum Kauf nicht durch die hübsche Färbung der Jungfische verleiten lassen. Fütterung mit kräftigem Futter, z.B. Forellen-Pellets und Fischfleisch.
Lebensweise: Nachtaktiver Fisch der Flüsse Südostasiens.
Vergesellschaftung: Mit anderen asiatischen Großfischen, z.B. Gabelbärten, Tigerbarschen oder Großbarben.

2000 l

Teufelsangel *Satanoperca cf. leucosticta*
auch: *Satanoperca jurupari, Geophagus jurupari*
Familie: Buntbarsche, Cichliden *Cichlidae* (→ Seite 10).
Kennzeichen: 25 cm, Geschlechter schwer unterscheidbar.
Becken/Wasser: 200x60x60 cm, Wassertyp 2-5, 26-29 °C.
Haltung: Etwa 6 Tiere in Becken mit Sand- oder feinem Kiesboden und Unterständen aus Wurzeln halten. Fütterung mit verschiedenen Frostfuttersorten, Trockenfutter.
Lebensweise: Bewohner von Sandflächen größerer amazonischer Fließgewässer. Siebt mit den Kiemen Insektenlarven aus dem Sand. Paarbildender Offenbrüter oder Maulbrüter – je nach Population oder Art.
Vergesellschaftung: Mit ruhigen südamerikanischen Großcichliden (z.B. *Heros*), Salmlern und Welsen.

700 l

Tigerbarsch *Datnioides microlepis*
auch: *Coius microlepis*
Familie: Dreischwanzbarsche *Datnioididae* (→ Seite 13).
Kennzeichen: 45 cm, Geschlechter schwer unterscheidbar.
Becken/Wasser: 320x70x70 cm, Wassertyp 4-6, 24-28 °C.
Haltung: Ruhiger Fisch, der sich in mit Wurzeln strukturreich eingerichteten Becken wohl fühlt. Gruppenhaltung vorteilhaft. Ernährung mit kräftigem Lebend- und Frostfutter (Garnelen, Insekten, Fische)
Lebensweise: Raubfisch der Flüsse, Seen und des Überschwemmungswaldes mit vielen untergetauchten Ästen Südostasiens. Geschützte Art in Thailand!
Vergesellschaftung: Nur mit anderen Großfischen, z.B. Gabelbärten (*Scleropages*) und Messerfischen (*Chitala*).

1500 l

Transvestitenbuntbarsch *Nanochromis transvestitus*
Familie: Buntbarsche, Cichliden *Cichlidae* (→ Seite 10).
Kennzeichen: 6 cm, Weibchen kontrastreicher gefärbt: mit weiß gestreifter Schwanzflosse und rotem Bauch.
Becken/Wasser: 60x30x30 cm, Wassertyp 1-2, 25-28 °C.
Haltung: Spezialisierter Schwarzwasserfisch, der in härterem und alkalischem Wasser kränkelt. Ernährung einfach mit Trockenfutter und verschiedenem Frostfutter.
Lebensweise: Soweit bekannt, lebt die Art ausschließlich im flachen Schwarzwassersee Maj Ndombe (Kongo). Frisst Insektenlarven. Paarbildender Versteckbrüter.
Vergesellschaftung: Am besten mit anderen Weichwasserfischen des Kongobeckens, z.B. Kongosalmlern.
Ähnliche Art: *Nanochromis squamiceps*, 8 cm.

50 l

Trauermantelsalmler *Gymnocorymbus ternetzi*

Familie: Salmler aus der Familie *Characidae* (→ Seite 16).
Kennzeichen: 6 cm, Männchen kleiner und schlanker.
Die lackschwarze Färbung verliert mit zunehmendem Alter
an Intensität und weicht einem dunklen Grau.
Becken/Wasser: 80x35x40 cm, Wassertyp 2-6, 23-28 °C.
Haltung: Anspruchslose und ruhige Art für die Gruppen-
haltung (mindestens 6-8 Tiere) in locker bepflanzten
Gesellschaftsbecken, die nicht zu hell beleuchtet sein sol-
ten. Nimmt alle kleinen Futtersorten.
Lebensweise: Schwarmfisch schattiger und ruhiger Fließge-
wässer des Rio-Paraguay-Flusssystems Südbrasiliens.
Vergesellschaftung: Am besten mit robusten Zwergbuntbarschen, Panzerwelsen und anderen Salmlern.

(100 l)

Tüpfelbuntbarsch *Laetacara curviceps*

auch: *Aequidens curviceps*
Familie: Buntbarsche, Cichliden *Cichlidae* (→ Seite 10).
Kennzeichen: 7 cm, Geschlechter schwer unterscheidbar.
Becken/Wasser: 60x30x30 cm, Wassertyp 2-4, 26-30 °C.
Haltung: Paarweise in teilweise dicht bepflanzten Becken
mit einigen kalkfreien Kieselsteinen. Fütterung vor allem
mit feinem Lebendfutter, aber auch mit Trockenfutter.
Lebensweise: Strömungsarme Ufer pflanzenreicher amazo-
nischer Gewässer. Paarbildender Offenbrüter.
Vergesellschaftung: Friedliche Art, die für Gesellschafts-
aquarien mit ruhigen Salmlern und in großen Becken mit
versteckbrütenden Zwergbuntbarschen geeignet ist.
Ähnliche Art: *Laetacara sp.* »Buckelkopf«, 8 cm.

(50 l)

Türkisgoldbuntbarsch *Melanochromis auratus*

Familie: Buntbarsche, Cichliden *Cichlidae* (→ Seite 10).
Kennzeichen: 11 cm, Männchen werden blau-schwarz.
Becken/Wasser: 120x50x50 cm, Wassertyp 5-6, 25-27 °C.
Haltung: Felsenaufbauten, die so gestaltet sind, dass sie von
den Fischen durchschwommen werden können. Nimmt
pflanzliches Flockenfutter und krebshaltiges Frostfutter. Ein
oder viele Männchen mit mehreren Weibchen halten.
Lebensweise: Felsenbewohnender Malawi-Cichlide, der aus
einem eng umgrenzten Gebiet im Südteil des Sees vorkommt. Frisst Algen, Kleintiere und auch Plankton. Nicht
paarbildender Maulbrüter im weiblichen Geschlecht.
Vergesellschaftung: Mit anderen Malawi-Felsencichliden,
z.B. *Pseudotropheus*- oder *Maylandia*-Arten.

(300 l)

Wasserstieglitz *Pristella maxillaris*
auch: Sternflecksalmler, *Pristella riddlei*
Familie: Salmler aus der Familie *Characidae* (→ Seite 16).
Kennzeichen: 4,5 cm, Weibchen fülliger.
Becken/Wasser: 60x30x30 cm, Wassertyp 2-4, 24-27 °C.
Haltung: Einfach zu pflegender Schwarmfisch dicht bepflanzter Aquarien mit weichem bis mittelhartem Wasser. Fütterung mit allen gängigen Futtersorten.
Lebensweise: In dicht mit Wasserpflanzen bestandenen Sumpfgewässern weiter Teile Südamerikas. Frisst dort wahrscheinlich Kleinkrebse, Mückenlarven und Insekten.
Vergesellschaftung: Guter Gesellschaftsfisch für Panzerwelse und in größeren Becken für Zwergbuntbarsche.
Ähnliche Art: Rosensalmler, *Hyphessobrycon roseus*, 3 cm.

50 l

Weißkehlgrundel *Rhinogobius sp.*
auch: Weißwangengrundel, *Rhinogobius wui*
Familie: Grundeln *Gobiidae* (→ Seite 11).
Kennzeichen: 5 cm, Männchen farbig.
Becken/Wasser: 60x30x30 cm, Wassertyp 4-6, 18-24 °C.
Haltung: 3 Männchen mit etwa 6 Weibchen in einem 60-l-Bachaquarium mit Sand, Kieselsteinen und kleinen Höhlen halten. Strömung vorteilhaft. Feines Lebend- und Frostfutter, an Trockenfutter kaum zu gewöhnen.
Lebensweise: Bachbewohnende Art aus Südasien. Männchen bilden Reviere um ihr Versteck.
Vergesellschaftung: Bärblinge (*Danio* und *Tanichthys*).
Ähnliche Arten: Es gibt viele *Rhinogobius*-Arten, von denen einige immer wieder eingeführt werden.

50 l

Weißpunkt-Buntbarsch *Tropheus duboisi*
Familie: Buntbarsche, Cichliden *Cichlidae* (→ Seite 10).
Kennzeichen: 13 cm, Geschlechter schwer unterscheidbar.
Becken/Wasser: 150x60x60 cm, Wassertyp 5-6, 25-27 °C.
Haltung: Wenige Männchen mit vielen Weibchen in stark beleuchteten Becken. Ausschließliche Fütterung mit ballaststoffreichem Futter, z.B. Futtermischungen auf *Spirulina*-Algen-Garnelen-Basis. Fütterung mit Roten Mückenlarven und zu proteinreicher Nahrung führt zum Tod!
Lebensweise: Flachwasser des stark sonnenbeschienenen Felsenbereichs des Tanganjika-Sees. Algenfresser. Nicht paar bildender Maulbrüter im weiblichen Geschlecht.
Vergesellschaftung: Zusammen mit *Tropheus moorii*. Nie mit Fischen, die ballaststoffarme Ernährung benötigen.

550 l

Weißstirn-Messerfisch *Apteronotus albifrons*

auch: Seekuhmesseraal, Black Ghost
Familie: Messeraale, Familie *Apteronotidae* (→ Seite 8).
Kennzeichen: 50 cm, Weibchen mit kürzerer Schnauze.
Becken/Wasser: 250x60x60 cm, Wassertyp 2-5, 24-28 °C.
Haltung: Ein Männchen mit bis zu 5 Weibchen in einem Becken mit Wurzel- und Röhrenverstecken für jedes Tier. Nimmt Frost- und Lebendfutter (Mückenlarven, Tubifex).
Lebensweise: Nachtaktive Art vieler Fließgewässer Amazoniens mit sandigem Boden. Kommuniziert und ortet mit schwachen elektrischen Signalen. Insektenlarvenfresser.
Vergesellschaftung: Mit größeren friedlichen Fischen Südamerikas, z.B. Skalaren, Diskusfischen und Welsen.
Ähnliche Art: *Apteronotus leptorhynchus*, 27 cm.

900 l

Weitzmans Raubsalmler *Poecilocharax weitzmani*

Familie: Salmler aus der Familie *Characidae* (→ Seite 16).
Kennzeichen: 5 cm, Männchen größere Flossen, bunter.
Becken/Wasser: 60x30x30 cm, Wassertyp 1-3, 26-29 °C.
Haltung: 2 Männchen mit mehreren Weibchen in einem Aquarium mit engen röhrenförmigen Verstecken, z.B. Ziegellöchern, halten. Anspruchsvoll in Bezug auf die Wasserqualität. Die Fische akzeptieren nur Lebendfutter.
Lebensweise: Im Gegensatz zu »normalen« Salmlern ein versteckt lebender Kleinhöhlenbewohner, dessen Männchen revierbildend sind und sogar Brutpflege betreiben. Heimat: Einzugsgebiet des Schwarzwasserflusses Rio Negro.
Vergesellschaftung: Wenn überhaupt, nur zusammen mit ruhigen Oberflächenfischen, z.B. Beilbäuchen, halten.

50 l

Westafrikanische Süßwassernadel
Enneacampus ansorgii

Familie: Seenadeln *Syngnathidae* (→ Seite 20).
Kennzeichen: 14 cm, Männchen farbiger und mit leistenförmiger Bruttasche entlang des Bauches.
Becken/Wasser: 60x30x30 cm, Wassertyp 5-7, 24-28 °C.
Haltung: In größeren Gruppen in Aquarien mit teilweise dichtem Pflanzenwuchs. Fütterung nur (!) mit lebenden Futtertieren (*Artemia*, *Cyclop*s, Weiße Mückenlarven).
Lebensweise: Pflanzen- oder versteckreiche klare Bäche der Küstenregion West- und Zentralafrikas. Ernährt sich von Insektenlarven und anderen Kleintieren.
Vergesellschaftung: Auf keinen Fall mit anderen Fischen vergesellschaften, da diese zu wenig Nahrung bekämen.

50 l

Xenotilapia papilio

Familie: Buntbarsche, Cichliden *Cichlidae* (→ Seite 10).
Kennzeichen: 9 cm, Geschlechter schwer unterscheidbar.
Becken/Wasser: 100x50x50 cm, Wassertyp 5-6, 25-27 °C.
Haltung: Gruppen ab 6 Tieren, aus denen sich dann Paare finden können. Becken mit Schwimmraum über Sandflächen und einzelnen Felsen einrichten. Fütterung mit Trockenfutter, Kleinkrebsen und Garnelenmix.
Lebensweise: Fressen vom Sediment über Felsen im Tanganjika-See. Paarbildender Maulbrüter.
Vergesellschaftung: Tanganjika-Cichliden, z.B. *Cyprichromis*, in Becken mit Felsaufbauten im Hintergrund auch *Julidochromis* und kleine *Neolamprologus*.
Ähnliche Art: *Xenotilapia spilopterus*, 10 cm.

250 l

Zebrabärbling *Danio rerio*

auch: Zebrafisch, *Brachydanio rerio*
Familie: Karpfenfische *Cyprinidae* (→ Seite 16).
Kennzeichen: Etwa 6 cm, Männchen schlanker.
Becken/Wasser: 80x35x40 cm, Wassertyp 2-6, 23-27 °C.
Haltung: Im Schwarm in lang gestreckten, hellen Aquarien mit starker Strömung und kiesigem Bodengrund, einzelnen Kieselsteinen. Nimmt alle gängigen Futtersorten.
Lebensweise: Sehr lebhafter und schwimmfreudiger Bachfisch aus klaren Bächen Nordindiens.
Vergesellschaftung: Ideal mit bodenbewohnenden Bachfischen Asiens, z.B. mit Bachschmerlen (*Schistura*, *Nemacheilus*) oder Flossensaugern (*Gastromyzon*).
Ähnliche Art: *Danio kyatith*, 5 cm.

100 l

Zebrabuntbarsch *Cryptoheros nigrofasciatus*

auch: Grünflossen-Buntbarsch, *Archocentrus nigrofasciatus, Cichlasoma nigrofasciatum*
Familie: Buntbarsche, Cichliden *Cichlidae* (→ Seite 10).
Kennzeichen: 15 cm, Weibchen kleiner und bunter.
Becken/Wasser: 100x50x50 cm, Wassertyp 5-6, 23-27 °C.
Haltung: Einfach zu haltende Art für Becken mit feinkiesigem Bodengrund, strukturreicher Einrichtung und einer Steinhöhle. Nimmt alle gängigen Futtersorten.
Lebensweise: Lebt in sehr unterschiedlichen Biotopen Mittelamerikas. Paarbildender Versteckbrüter.
Vergesellschaftung: Mit wendigen Lebendgebärenden Zahnkarpfen, z.B. Schwertträgern (*Xiphophorus helleri*).
Ähnliche Art: *Cryptoheros septemfasciatus*, 12 cm.

250 l

Zebra-Geradsalmler *Distichodus sexfasciatus*
Familie: Geradsalmler *Citharinidae* (→ Seite 16).
Kennzeichen: Mindestens 25 cm, nach einem Bericht über 50 cm. Geschlechtsunterschiede schwer feststellbar. Die schöne Jugendfärbung verblasst mit zunehmendem Alter.
Becken/Wasser: ab 250x60x60 cm, Wassertyp 2-5, 25-28 °C.
Haltung: Nur in pflanzenfreien Großaquarien, die mit Wurzeln strukturiert sind. Benötigt große Mengen Grünfutter und wegen der starken Verdauung eine groß dimensionierte Filterung. Gruppenhaltung.
Lebensweise: Frucht- und Pflanzenfresser der großen Flüsse des Kongobeckens, auch im Tanganjika-See.
Vergesellschaftung: Mit afrikanischen Großfischen.
Ähnliche Arten: *D. lusosso*, 38 cm; *D. notospilus*, 20 cm.

900 l

Zebrawels *Hypancistrus zebra*
Familie: Harnischwelse *Loricariidae* (→ Seite 9).
Kennzeichen: 9 cm, große Männchen mit kleinen Dornen (Odontoden) auf der Backe und an den Brustflossen.
Becken/Wasser: 60x30x30 cm, Wassertyp 2-5, 27-30 °C.
Haltung: Ausreichend warmes Wasser ist die wichtigste Voraussetzung neben einer Einrichtung mit Kieseln, Steinplatten und guter Strömung. Fütterung vor allem mit Frostfutter, z.B. Kleinkrebsen. Kein Algenfresser. Harnischwels-Tonröhren aus dem Handel bieten Verstecke.
Lebensweise: In felsigen Biotopen des amazonischen Klarwasserflusses Rio Xingu. Versteckt lebende Art.
Vergesellschaftung: Mit anderen Klarwasserfischen, z.B. *Geophagus*- oder kleinen *Crenicichla*-Arten.

50 l

Zitronensalmler *Hyphessobrycon pulchripinnis*
Familie: Salmler aus der Familie *Characidae* (→ Seite 16).
Kennzeichen: 4,5 cm, Weibchen fülliger.
Becken/Wasser: 60x30x30cm, Wassertyp 2-4, 24-27 °C.
Haltung: Schwarmfisch (mindestens 6 Tiere pflegen) für teilweise dicht bepflanzte Aquarien. Die intensive und namensgebende Gelbfärbung wird durch Fütterung mit Kleinkrebsen (*Cyclops*, *Artemia*-Nauplien) unterstützt und bleibt nur in weichem, leicht saurem Wasser erhalten.
Lebensweise: Pflanzenreiche Klarwasserbäche vor allem des Rio Xingu und Tapajos-Flusssystems in Brasilien.
Vergesellschaftung: In größeren Becken auch mit Zwergbuntbarschen und Skalaren, in kleinen nur mit anderen Salmlern, Panzer- und Harnischwelsen.

50 l

Zitronenschwanz-Kärpflingscichlide
Cyprichromis leptosoma

Familie: Buntbarsche, Cichliden *Cichlidae* (→ Seite 10).
Kennzeichen: 12 cm, Männchen größer und bunt.
Becken/Wasser: 120x50x50 cm, Wassertyp 5-6, 25-27 °C.
Haltung: Außer einem Sandboden ist keine Einrichtung erforderlich. Ein oder viele Männchen mit mehreren Weibchen zusammen halten. Fütterung mit kleinkrebshaltigen Futtersorten (*Artemia*, *Cyclops* etc.)
Lebensweise: Freiwasserfisch, der ausschließlich Plankton, z.B. *Cyclops*-ähnliche Kleinkrebse frisst. Nicht paarbildender Maulbrüter im weiblichen Geschlecht.
Vergesellschaftung: Sandcichliden, z.B. *Enantiopus*.
Ähnliche Art: *Cyprichromis pavo*, 12 cm.

300 l

Zwergbärbling *Boraras maculata*
auch: *Rasbora maculata*

Familie: Karpfenfische *Cyprinidae* (→ Seite 16).
Kennzeichen: 2,5 cm, Weibchen weniger rot und fülliger.
Becken/Wasser: 60x30x30 cm, Wassertyp 1-3, 25-29 °C.
Haltung: Schwarmfisch (mindestens 10-20 Tiere) für dunkel gehaltene Weichwasserbecken (!) mit Torffilterung. Bepflanzung mit feinfiedrigen Pflanzen. Fütterung mit feinem Lebend- und manchmal auch Trockenfutter.
Lebensweise: Lebt in pflanzen- oder falllaubreichen Uferbereichen langsam fließender oder stehender Gewässer Westmalaysias und Sumatras (Indonesien).
Vergesellschaftung: Nur mit anderen Zwergfischen, z.B. kleinen Bodenfischen wie etwa Dornaugen.

50 l

Zwergbuckelkopf *Steatocranus cf. ubanguiensis*

Familie: Buntbarsche, Cichliden *Cichlidae* (→ Seite 10).
Kennzeichen: 7 cm, Männchen werden größer, entwickeln einen größeren Kopfbuckel und haben ein breiteres Maul.
Becken/Wasser: 60x30x30 cm, Wassertyp 3-6, 24-28 °C.
Haltung: Paarweise in Becken mit guter Strömung, feinkiesigem Bodengrund und Verstecken aus Steinhöhlen. Nimmt ballaststoffreiches Trockenfutter und Kleinkrebse.
Lebensweise: Genaue Herkunft unbekannt, wahrscheinlich aus Stromschnellen des Kasai, eines südlichen Kongozuflusses. Paarbildender Versteckbrüter, bei dem sich ausnahmsweise die Männchen mehr um die Eier kümmern.
Vergesellschaftung: Mit afrikanischen Salmlern, in großen Becken auch mit anderen Buntbarschen (*Teleogramma*).

50 l

Zwergdrachenflosser *Corynopoma riisei*

Familie: Salmler aus der Familie *Characidae* (→ Seite 16).
Kennzeichen: 7 cm, Männchen mit vergrößerten Flossen und mit löffelartigem Kiemendeckelfortsatz.
Becken/Wasser: 60x30x30 cm, Wassertyp 2-5, 24-29 °C.
Haltung: Lebhafter Schwarmfisch, der viel freien Schwimmraum, eine lockere Randbepflanzung sowie gute Strömung benötigt. Nimmt alle gängigen Futtersorten.
Lebensweise: Gut strömende Küstenflüsse und -bäche im nördlichen Südamerika und auf Trinidad. Interessante Balz der Männchen, bei der die Kiemendeckelfortsätze der Männchen vor den Weibchen ruckartig bewegt werden.
Vergesellschaftung: Mit kleineren Fischen der unteren Beckenregionen, z.B. Zwergbuntbarschen (*Apistogramma*).

50 l

Zwergfadenfisch *Colisa lalia*

Familie: Fadenfische, Familie *Osphronemidae* (→ Seite 15).
Kennzeichen: 6 cm, Männchen bunter und größer.
Becken/Wasser: 60x30x30 cm, Wassertyp 2-6, 24-28 °C.
Haltung: Paarweise in kleinen Becken, in Becken ab 100 cm in kleinen Gruppen. Strukturreiche Einrichtung und Bepflanzung (Schwimmpflanzen), damit sich das Weibchen zurückziehen kann. Nimmt alle kleineren Futtersorten.
Lebensweise: Ruhiger Fisch sumpfiger und verkrauteter Kanäle, stiller Flusszonen und Überschwemmungsgebiete Indiens. Frisst tierische und pflanzliche Nahrung.
Vergesellschaftung: Mit allen kleinen und nicht allzu lebhaften asiatischen Fischen der mittleren und unteren Beckenregionen, z.B. Barben, Bärblingen und Salmlern.

50 l

Zwergkärpfling *Heterandria formosa*

Familie: Lebendgeb. Zahnkarpfen der *Poeciliidae* (→ S. 19).
Kennzeichen: 3,5 cm, Männchen mit Begattungsorgan.
Becken/Wasser: 60x30x30 cm, Wassertyp 4-6, 18-28 °C.
Haltung: Als Gruppe in dicht bepflanzten kleineren Aquarien. Fütterung mit feinem Lebendfutter (*Artemia*, *Cyclops*), aber auch Trockenfutter. Eine im Winter etwas kühlere Haltung stärkt die Vitalität.
Lebensweise: Zwischen Pflanzen kleiner und kleinster Stillgewässer des südöstlichen Nordamerika. Belästigt manchmal langsame Fische durch Flossenzupfen.
Vergesellschaftung: Nur mit anderen kleinen Fischarten, die auch zeitweise kühleres Wasser vertragen, z.B. Marmorierte Panzerwelse (*Corydoras paleatus*).

50 l

Zwergregenbogenfisch *Melanotaenia maccullochi*

Familie: Regenbogenfische *Melanotaeniidae* (→ Seite 18).
Kennzeichen: 7 cm, Männchen bunter und schlanker.
Becken/Wasser: 80x35x40 cm, Wassertyp 4-6, 24-30 °C.
Haltung: Teilweise dicht und teilweise locker bepflanzte Aquarien mit starker Beleuchtung und leichter Strömung. Mindestens 6-8 Tiere pflegen. Abwechslungsreiche Fütterung mit kleinem Lebend-, Frost- und Trockenfutter.
Lebensweise: Schwarmfisch aus Sümpfen und Bächen mit klarem, saurem Wasser mit vielen Wasserpflanzen. Heimat: Papua-Neuguinea und Nordwestaustralien.
Vergesellschaftung: Mit allen kleinen Boden- und Oberflächenfischen, die gleiche Wasserwerte bevorzugen.
Ähnliche Art: *Melanotaenia cf. maccullochi*, 3 cm.

100 l

Zwergringelhechtling *Epiplatys annulatus*

auch: *Pseudepiplatys annulatus*
Familie: Hechtling, Familie *Aplocheilidae* (→ Seite 19).
Kennzeichen: 4,5 cm, Männchen mit bunter Schwanzflosse.
Becken/Wasser: 60x30x30 cm, Wassertyp 2-4, 26-28 °C.
Haltung: Ein Männchen mit mehreren Weibchen in dicht bepflanzten Becken mit Schwimmpflanzendecke pflegen. Fütterung mit Trockenfutter und feinem Lebendfutter.
Lebensweise: Insekten fressender Oberflächenfisch klarer und pflanzenreicher Sumpfgewässer Westafrikas.
Vergesellschaftung: Guter Gesellschaftsfisch für kleine afrikanische Fische der unteren und mittleren Beckenregionen, z.B. Zwergbuntbarsche (*Pelvicachromis*), Ansorges Ziersalmler oder Angolabarben.

50 l

Zwergziersalmler *Nannostomus marginatus*

Familie: Schlanksalmler *Lebiasinidae* (→ Seite 16).
Kennzeichen: 3,5 cm, Weibchen weniger farbig und fülliger.
Becken/Wasser: 60x30x30 cm, Wassertyp 2-3, 23-25 °C.
Haltung: Etwa 2-3 Männchem mit 6 Weibchen in teilweise dicht bepflanzten Becken. Bevorzugt feines Lebendfutter (z.B. *Artemia*-Nauplien), nimmt nach Gewöhnung auch Frostfutter und pflanzliches Trockenfutter.
Lebensweise: Stillwasserfisch, der in Amazonien in mit reichem Wasserpflanzenwuchs bestandenen Gewässern lebt. Pickt mit dem kleinen Maul nach Algen und Futtertieren. Die Männchen verteidigen kleine Balzreviere.
Vergesellschaftung: Mit kleinen Fischen der unteren Beckenregion, z.B. Panzerwelsen oder Zwergbuntbarschen.

50 l

Garnelen & Krebse

Farbenprächtige und skurrile Krebstiere des Süßwassers haben sich in den letzten Jahren zu Rennern in der Aquaristik entwickelt. Viele Arten sind ideale Pfleglinge, die sich auch in Gesellschaftsaquarien mit Fischen zusammen pflegen lassen, wenn man einige Regeln berücksichtigt:

➤ Abwechslungsreiche Fütterung (→ Tipp, rechts).

➤ Ausreichende Anzahl von Verstecken (außer für Zwerggarnelen für jedes Tier mindestens ein Versteck, z.B. eine enge Bambusröhre).

➤ Nie in frisch eingerichteten Becken pflegen.

➤ Die meisten Arten reagieren empfindlicher als Fische auf chemische Belastungen des Wassers, z.B. durch kupferne Wasserleitungen oder durch Fischmedikamente hervorgerufene Belastungen.

➤ Genau wie für Fische sind ein regelmäßiger Wasserwechsel und organisch unbelastetes, sauerstoffreiches Aquarienwasser sehr wichtig.

➤ Weil sie gut klettern können, müssen die Deckscheiben absolut dicht schließen und bei größeren Arten beschwert sein.

➤ Krebstiere besitzen einen Panzer, der nicht mitwächst, weswegen sie sich ab und zu häuten. Die abgestreifte Haut soll eine Weile im Aquarium bleiben (→ Tipp, unten).

➤ Vergesellschaftung je nach Art unterschiedlich (→ Tipp, Seite 230).

Rote Mangrovenkrabben (5 cm) brauchen die Möglichkeit zu einem Landausflug.

EXTRATIPP

Krebstiere füttern
Abwechslungsreiche Kost aus Lebend- und Frostfuttersorten (Mückenlarven, *Cyclops, Artemia*-Nauplien), Trocken- und Grünfutter. Mangrovenkrabben und Großarmgarnelen lieben gekochten Fisch. Fächerhandgarnelen fangen in der Strömung feines Lebend- und Trockenfutter, nehmen aber auch anderes. Regelmäßig trockene Buchenblätter wichtig für die Häutung!

1 ► **Roter Amerikanischer Sumpfkrebs**

2 ► **Ringelhandgarnele**

3 ► **Louisiana-Zwergflusskrebs**

4 Molukken-Fächerhandgarnele

5 »Crystal-Red«-Zwerggarnele

6 Westafrikanische Riesenfächergarnele

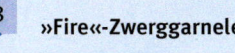

Bienen-Zwerggarnele **7**

8 »Fire«-Zwerggarnele

Einige besonders beliebte Arten sind auf den Seiten 228/229 abgebildet. Diese Arten benötigen folgende Pflegebedingungen:

Rote Mangrovenkrabben: Becken 60x30x30 cm für ein Paar (Weibchen mit größerer Bauchklappe). Wassertyp 6-7 (→ Seite 24), 22-25 °C. Kleiner Landteil, z.B. aus Korkrinde. Mindestens 10 cm Luft zwischen Wasseroberfläche und Abdeckscheibe! (→ Foto, Seite 226)

Fächerhandgarnelen: Becken für ein Einzeltier 60x30x30 cm, Wassertyp 3-6 (→ Seite 24), 23-26 °C, strömungsliebende Arten. Sehr friedlich (→ Seite 229: Molukken-Fächerhandgarnele, *Atyopsis mollucensis*,

> Amano-Garnelen (4 cm) fressen gern Fadenalgen.

EXTRATIPP

Vergesellschaftung Obwohl alle Krebstiere wehrhafte Scheren besitzen, sind die meisten gut auch mit sehr kleinen Fischen zu vergesellschaften. Eine Ausnahme bilden *Macrobrachium*-Arten, die sich vor allem nachts über kleinere Fische und andere Krebstiere hermachen. Für die innerartliche Vergesellschaftung sind ausreichend Verstecke für jedes Tier notwendig.

EXTRATIPP

Zwergkrallenfrösche
Zwergkrallenfrösche (*Hymenochirus*-Arten) stammen aus Zentralafrika. Sie leben ausschließlich im Wasser (24-27 °C, Wassertyp 2-5 (→ Seite 24). Das Aquarium soll vesteckreich eingerichtet und dicht abgedeckt sein. Sie können mit friedlichen Fischen vergesellschaftet werden. Abwechslungsreiche Fütterung mit Lebend- und auch Frostfutter.

10 cm; Westafrikanische Riesenfächergarnele, *Atya gabonensis*, 15 cm).
Ringelhandgarnele: Becken 60x30x30 cm reicht für ein Männchen und 2-3 Weibchen. Wassertyp 3-6 (→ Seite 24), 20-27 °C. Räuberische Art, die anderen Mitbewohnern gefährlich werden kann (→ Seite 228: Ringelhandgarnele, *Macrobrachium assamensis*, 8 cm).
Zwerggarnelen (*Caridina*- oder *Neocaridina*-Arten):

Becken für eine Gruppe von 5 Tieren ab ca. 30x20x20 cm für kleinere Arten und 40x25x25 cm für größere Arten. Wassertyp 3-6 (→ Seite 24), 23-26 °C. (→ Fotos Seite 229: "Crystal-Red"-Zwerggarnele, *Neocaridina sp.* "Crystal Red", 2,5 cm; "Fire"-Zwerggarnele, *Neocaridina sp.* "Fire", 2,5 cm; Bienen-Zwerggarnele, *Neocaridina sp.* "Biene", 3 cm).
Flusskrebse (*Procambarus* und *Cambarellus*-Arten): 5 Tiere der Zwergarten in 30x20x20-cm-Becken, 1-2 Tiere der größeren Arten in 100-l-Becken. Wassertyp 3-6 (→ Seite 24), 10-30 °C. Größere Arten sind untereinander oft aggressiv. Wegen Auswilderungsgefahr nie im Gartenteich halten! (→ Fotos Seite 228: Roter Sumpfkrebs, *Procambarus clarkii*, 12 cm; Louisiana-Zwergflusskrebs, *Cambarellus shufeldtii*), 3 cm.)

Zwergkrallenfrosch,
***Hymenochirus* cf.**
***boettgeri* (3,5 cm).**

1 Turmdeckelschnecke

2 Stachelschnecke

3 Spitzschlammschnecke

4 Posthornschnecke

5 Apfelschnecke

Schnecken im Aquarium

Schnecken können eine Bereicherung der Vielfalt im Aquarium darstellen. Einige Arten haben sich als feste Bestandteile in der Aquaristik eingebürgert, entweder weil sie besonders hübsch anzusehen sind, z.B. die Apfelschnecken (*Pomacea*-, *Asolene*- und *Marisa*-Arten) und bestimmte Turmdeckelschnecken mit Stacheln oder Noppen. Schnecken können aber auch nützliche Funktionen im Aquarium übernehmen. Die grabenden Turmdeckelschnecken (*Melanoides*-Arten) z.B. füllen im Bodengrund des Aquariums die gleiche Nische aus wie Regenwürmer im Garten: Sie belüften den Bodengrund und verwerten organische Abfallprodukte – dadurch verhelfen sie zu einem guten Pflanzenwachstum. Andere Arten, z.B. die Posthornschnecken (*Planorbis* und *Planorbarius* und *Planorbella*), die Schlammschnecken (*Lymnaea*-Arten) oder auch die verschiedenen Apfelschnecken-Arten, weiden unablässlich den Bodengrund nach liegen gebliebenen Futterresten ab und helfen auf diese Art, faulende Bereiche zu vermeiden. Das kommt der Wasserqualität zugute. In manchen Fällen können sie aber auch zur Plage werden, wenn es – meist durch Überfütterung der Fische – zu viele werden. Sie können dann aus ästhetischen Gründen reduziert oder entfernt werden (→ Tipp, unten). Schnecken vermehren sich entweder lebend gebärend oder indem sie gallertartige Eiertrauben an Pflanzen oder an der Aquarienscheibe ablegen.

EXTRATIPP

Schneckenplage
Manchmal vermehren sich Schnecken explosionsartig. Außer in Zuchtaquarien oder in Becken mit sehr zarten Wasserpflanzen sind sie nicht schädlich. Verwenden Sie gegen die Plage nur natürliche Mittel: Der Zoofachhandel bietet spezielle Fallen an, oder Sie setzen Schnecken fressende Fische ein, z.B. Prachtschmerlen, wenn es sich mit Ihrem sonstigen Fischbesatz verträgt.

Biotop-Aquarien

So bezeichnete Aquarien orientieren sich in Besatz und Einrichtung am natürlichen Lebensraum. Hier finden Sie beispielhaft fünf Einrichtungsvorschläge, die Lust auf Natur machen.

> **Kirschflecksalmler** (*Hyphessobrycon erythrostigma*).

Südamerika-Becken

Biotop: Das Becken soll einen ruhigen Gewässerabschnitt eines klaren, größeren Regenwaldflüsschens darstellen.

Besatz: Eine Gruppe größerer Salmler, Zwergbuntbarsche für die Bodenregion, ein Trupp Skalare, eine Gruppe Ohrgitter-Harnischwelse als Algenfresser.

Becken: 120x50x50 cm

Wasser: Wassertyp 3 (→ Seite 24).

Temperatur: 26 °C.

Beleuchtung: 2 Tageslicht- und eine Grolux-Leuchtstoffröhre.

EXTRATIPP

Laub im Aquarium
Viele Fische leben an baumbestandenen Ufern. Die ins Wasser fallenden Blätter dienen als Nahrung für Insektenlarven und Krebse, aber auch als Versteck- und Ablaichplätze. Im Aquarium haben sich getrocknete, vor dem Einbringen einige Tage gewässerte Rotbuchenblätter bewährt. Sie werden im Herbst direkt von den Ästen gesammelt.

Strömung: Leichte (!) Strömung durch Filtereinlauf eines Motorfilters.

Einrichtung/Bepflanzung: Der feinkiesige und gut gedüngte Bodengrund ist zu einem Viertel im Vordergrund durch eine Auflage von trockenen Buchen-, Eichen- oder Gummibaumblättern bedeckt. Fast das gesamte hintere Drittel des Beckens wird durch relativ dünngliedrige Wurzeln (z.B. gewässerte Moorkienwurzeln) strukturiert, so dass die meisten Wurzeläste vertikal von oben nach unten

Eine Alternative zu den Kirschflecksalmlern sind Kaisersalmler.

ausgerichtet sind. Dazwischen können sich die Skalare zurückziehen. In dem mittleren Beckenbereich werden getrennt voneinander zwei große Amazonas-Solitärpflanzen positioniert. Fütterung: 1x tägl. gefrostete bzw. lebende Schwarze, Weiße oder Rote Mückenlarven, *Cyclops*. 1x täglich hochwertiges Trockenfutter. Gelegentlich eine beschwerte Zucchinischeibe für die Ohrgitter-Harnischwelse.

Apistogramma-**Zwergbuntbarsche beleben die Bodenregion.**

Malawi-See-Felsenbecken

Biotop: Das Becken soll einen reinen Felsenabschnitt der Uferregion des Malawi-Sees darstellen.

Besatz: 1 Männchen und 3 Weibchen von 3 Arten unterschiedlich gefärbter Felsencichliden (Mbuna) z. B. *Metriaclima, Pseudotropheus, Melanochromis, Labidochromis*. Nicht ganz biotopgerecht sind Algenfressende Harnischwelse (Blaue Antennenwelse).

Becken: 120x50x50 cm.

Wasser: Wassertyp 5 (→ Seite 24).

Temperatur: 26 °C.

Beleuchtung: 2 bis 3 Tages-

EINKAUFSLISTE

- ✔ z.B. 1 Männchen und 3 Weibchen von: Roter Zebra, Kobaltorange-Buntbarsch, *Labidochromis sp. »yellow«*
- ✔ 1 Paar Blaue Antennenwelse
- ✔ 30 Schraubenvallisnerien (falls gewünscht)
- ✔ 1 cm dicke Styroporplatte zum Unterlegen unter die Bodenschreibe
- ✔ 50 bis 100 kg Steine, z.B. Kalklochgestein, Porphyr (Natursteinhandel)

Felsregion des Malawi-Sees mit Roten Zebra (*Maylandia estherae*).

EXTRATIPP

Mbuna-Felsencichliden
Die Felsencichliden des Malawi-Sees (»Mbuna«) ernähren sich in der Natur von den Algen, die auf Steinen im sonnendurchfluteten Flachwasser gedeihen, von den darin lebenden Krebstieren und von Planktonkrebsen. Ihre herrlichen Farben zeigen die Fische nur bei ausgewogener Ernährung, die reich an Ballaststoffen und so genannten Carotinoiden sein muss. Ein geeignetes Futter für Felsencichliden ist das »Garnelenmix«, das als fertiges Gefrierfutter im Zoofachhandel erhältlich ist.

Kobaltorange-Buntbarsch-Männchen. Weibchen sind orangefarben.

licht- und eine Grolux-Leuchtstoffröhre.
Strömung: Mittlere Strömung durch Motorfilter-Ausströmöffnung imitiert den natürlichen Wellengang.
Einrichtung/Bepflanzung: Auf einer 1 cm dicken Styroporplatte im Hintergrund z. B. aus Lochgestein einsturzsichere Steinaufbauten bis unter die Wasseroberfläche auftürmen. Aufbauten so konstruieren, dass viele Durchgänge zum Durchschwimmen entstehen. Wer möchte, kann (nicht ganz biotopgerecht) einige Vallisnerien pflanzen. Für Antennenwelse eine Holzwurzel zum Nagen.

Labidochromis sp. »yellow« sind beliebte Malawi-Cichliden.

Fütterung: Ausgewachsene Mbuna nur jeden zweiten Tag mit Garnelenmix, *Cyclops*, *Mysis*-Garnelen und *Spirulina*-Flocken füttern!

Großfisch-Becken

Biotop: Das Becken soll einen felsigen, mit Driftholz strukturierten Flussuferabschnitt eines amazonischen Klarwasserflusses imitieren.
Besatz: 1 Gruppe Oskars, 1 Paar großer Hechtcichliden, 3 Kaktuswelse und 1 Trupp hochrückiger Großsalmler.
Becken: 320x80x70 cm
Wasser: Wassertyp 2
(→ Seite 24).
Temperatur: 28 °C.
Beleuchtung: 70-W-HQI-Strahler (4 Stück).
Strömung: Teilweise kräftige Strömung durch Kreiselpumpen im Vordergrund.

> Oskars können eine Größe von über 40 cm erreichen.

EXTRATIPP

Ganzglasaquarien
Es ist heute technisch möglich, Ganzglasaquarien von mehreren tausend Litern Inhalt zu kleben. Diese können auch – nach Prüfung der Bodenbelastbarkeit – in Wohnungen aufgestellt werden. Ein solches Aquarium kann mit Einrichtung leicht 3 Tonnen wiegen! Die Filterung solcher Aquarien erfolgt am besten mit Teichfilteranlagen.

Einrichtung/Bepflanzung: Alle Buntbarsche dieses Besatzvorschlags können deutlich über 30 cm lang werden. Sie benötigen daher eine stabile Einrichtung, die sie durch Untergraben nicht zerstören können: sorgen Sie für eine dicke Bodengrundschicht aus Feinkies, im Hintergrund große, lang gestreckte und längs auf dem Bodengrund aufgestapelte Wurzeln plazieren. Die Hechtcichliden und Kaktuswelse brauchen stabile Unterstände aus großen Steinplatten. Keine Pflanzen.

EINKAUFSLISTE

✔ 1 Paar Pommes-Hecht-cichliden (eventuell aus einer Gruppe von etwa 6 Jungfischen heranwachsen lassen)
✔ 8 Oskars
✔ 3 Kaktuswelse
✔ 12 Sichelflossen-Scheibensalmler
✔ dicke Schicht feinkiesiger Bodengrund
✔ große lang gestreckte Holzwurzeln
✔ große Steinplatten
✔ keine Bepflanzung!

»Pommes«-Weibchen. Verpaarte Tiere bleiben lange zusammen.

Fütterung: Fütterung der Cichliden mit 1 bis 2 Tage aufgetautem Frostfutter: Stinten, große Insekten und Garnelen (Tiefkühlfach). Salmler, Welse und Oskars brauchen zusätzlich größere Mengen Grünfutter, z.B. Zucchinistücke, Salatblätter etc. Auf Pelletfutter oder Futtermischungen auf der Basis von Warmblüterfleisch verzichten, da es sonst zu Verdauungsproblemen kommt.

Ein prächtiger Kaktuswels (*Pseudacanthicus spinosus*).

Kleinfisch-Becken

Biotop: Das Aquarium soll einen ruhiger, sonnenbeschienenden Bereich eines verkrauteten Baches Südostasiens darstellen.

Besatz: Ein Schwarm Zwergbärblinge aus der Gattung *Boraras*, eine Gruppe einer kleinen Blaubarsch-Art, ein Paar kleiner Fadenfische, 10 Zwerggarnelen.

Becken: 80x35x40 cm.

Wasser: Wassertyp 2, Torffilterung (→ Seite 24).

Temperatur: 26 °C.

Beleuchtung: 1 Tageslicht-, und eine Grolux-Leuchtstoffröhre.

Strömung: Keine.

EINKAUFSLISTE

- ✔ 25 Moskito-Rasboras
- ✔ 2 Männchen und 5 Weibchen des Roten Zwergblaubarschs
- ✔ 1 Paar Honigguramis
- ✔ 10 Bienen-Garnelen
- ✔ 1 Portion Teichlebermoos, 2 Portionen Javamoos zum Aufbinden
- ✔ 3 Bund Wasserfreund, 3 Bund Wasserstern, 3 Bund Rotweiderich, 10 Stück Beckett´s Wasserkelch, 1 Barclaya
- ✔ 2 Wurzeln (30 cm lang)

Moskito-Rasboras kommen nur im Schwarm zur Geltung.

EXTRATIPP

Lebendfutter selbst züchten
Viele Fische fressen ausschließlich Lebendfutter. Die Beschaffung von Lebendfutter für wenige kleine Fische ist gar nicht so schwierig, wie man oft denkt, denn kleine Futtertiermengen können Sie ohne großen Aufwand selbst züchten. Zuchtansätze für *Artemia*-Nauplien aus Dauereiern (sehr einfach!), für Grindal-Würmchen oder auch für Japanische Wasserflöhe sind im spezialisierten Zoofachhandel zusammen mit genauen Anleitungen erhältlich.

Der Rote Zwergblaubarsch (*Badis cf. dario*) nimmt nur Lebendfutter.

Einrichtung/Bepflanzung:
Zwei kleine mit Javamoos bewachsene Wurzeln liegen so, dass sie die Bodenfläche in drei Bereiche aufteilen und gegen den Beckenhintergrund aufstreben. Der Hintergrund ist mit Stängelpflanzen verschiedener Arten dicht bepflanzt. Teichlebermoos (*Riccia*) als Schwimmpflanze schattet das Becken teilweise ab und bietet ein Substrat für den Nestbau der Fadenfische. Die Ränder der Seiten und der Mittelgrund werden mit einem klein bleibenden Wasserkelch bepflanzt. Eine Barclaya steht solitär im mittleren Beckenbereich.

Honigguramis bauen Schaumnester an der Wasseroberfläche.

Fütterung: 2x täglich lebende *Artemia*-Nauplien, Cyclops, Wasserflöhe, kleine Mückenlarven (alles lebend), kleine Futterflocken.

Stromschnel-len-Becken

> Ein Paar Grundelbunt-barsche, oben das Männchen.

Biotop: Das Becken simuliert einen durchströmten Felskanal der Stromschnellen des unteren Kongo.
Besatz: Strömungscichliden bilden auf der Bodenfläche mit Kongocichliden Territorien, ein Trupp Kongosalmler belebt die freie Wassersäule. Schlanke Fiederbartwelse (als Algenfresser möglich: *Ancistrus*).
Becken: 150x50x50 cm
Wasser: Wassertyp 3
(→ Seite 24).
Temperatur: 25 °C.
Beleuchtung: 2 Tageslicht-und eine Grolux-Leuchte

EXTRATIPP

Stromschnellen
Der Fluss Kongo staut sich vor einer felsigen Region zu einem »See«, dem Pool Malebo auf. Am engen Abfluss dieses Sees bahnt sich das Wasser über felsige Stromschnellen seinen Weg zum Atlantik. Die Stromschnellen beherbergen viele Fische, die nur dort vorkommen, weil sie sich an das Extrembiotop »Kongostromschnellen« angepasst haben.

Strömung: Strömung vor allem im vorderen Drittel des Beckens dadurch erzeugen, dass eine starke Kreiselpumpe ihre Ausströmöffnung auf der einen Seite des Beckens hat, ihre Einsaugöffnung aber mit Hilfe eines PVC-Rohres auf die andere Seite verlegt ist.

Einrichtung/Bepflanzung: In den hinteren zwei Dritteln flache Steinaufbauten aus Steinplatten bis ca. 1/3 der Beckenhöhe auf einer 1 cm dicken Styroporplatte aufschichten. So stapeln, dass eine große Zahl von

EINKAUFSLISTE

- ✔ 1 Paar Grundelbuntbarsche
- ✔ 1 Paar Blaue Kongocichliden
- ✔ 5 Stromschnellen-Fiederbartwelse
- ✔ 15 Gelbe Kongosalmler
- ✔ 3 Westafrikanische Riesenfächergarnelen
- ✔ 1 cm Styroporplatte
- ✔ ca. 50 kg Schiefer- oder Porphyrplatten
- ✔ 2 ca. 1 m lange lang gestreckte Wurzeln
- ✔ 10 Kongo-Wasserfarne

Verschiedene Kongosalmler eignen sich für Stromschnellen-Becken.

Unterschlüpfen verschiedener Größen entsteht. Auf den Platten 2 lang gestreckte Wurzeln, die mit Kongofarn bewachsen sind und teilweise bis unter die Wasseroberfläche reichen, platzieren.

Fütterung: 1 x täglich Trockenfutter (Tabletten, Flocken) mit *Spirulina*-Algen-Anteil. 1 x tägl. feines Lebend- oder Frostfutter (*Artemia, Cyclops,* Schwarze oder Weiße Mückenlarven). Garnelen gezielt füttern.

Stromschnellen-Fiederbartwels (*Synodontis brichardi*).

Deutsches Artenregister

Halbfett gesetzte Seitenzahlen verweisen auf Abbildungen.

Register der lateinischen Fischnamen

Halbfett gesetzte Seitenzahlen verweisen auf Abbildungen.

Titelbild: Feuermaulbuntbarsch **Rückseite**: Kuckuckswels (oben); Zwergfadenfisch (Mitte); Louisiana-Zwergflusskrebs (unten).

Die Fotografen

Abel: 201 mi.; **Anders**: 231; **blickwinkel**: (Zurlo) 105 mi.; **Bork**: 3 o., 20 o., 31 mi., 35 mi., u., 43 o., 83 o., 93 o., 107 mi., 129 u., 137 mi., u., 139 mi., 145 mi., 161 mi., 163 o., 171 u., 181 o., 197 mi., u., 215 u., 225 mi., 229 u.li., 237 u.; **Büscher**: 71 u., 89 o., 179 o., u., 207 mi., 217 o.; **Eigelshofen**: 73 o., 157 mi., 169 o.; **Evers**: 69 o., 127 mi., 129 mi., 133 u., 149 mi., 175 o., mi., 183 mi.; **Hartl**: 45 o., 47 u., 53 o., mi., 55 o., 87 u., 115 u., 129 o., 135 o., 147 o., 153 u., 155 o., 163 u., 173 u., 181 mi., 189 mi., 191 o., 195 o., 215 u., 217 u., 232 o.re., 243 o., 245 o.; **Hecker**: 12 o., 39 u., 187 u., 203 o., 234, (**Sauer**) 45 mi.; **Hellner**: 41 mi., 107 u.; **Hippocampus Bildarchiv**: 49 mi., 145 o., 209 mi., (**Bork**) 133 mi., 169 u.; **Kahl**: U2 o.li., o.mi., mi.re., 2 u.li., u.re., 3 u., 5, 7, 8, 9, 11, 12 u., 13, 14, 15, 16, 17, 18, 21, 22, 25, 27 o., u., 29 mi., 31 o., 33 mi., 35 o., 37 mi., 39 mi., 41 o., 43 u., 45 u., 49 u., 51 o., 53 u., 55 u., 57 u., 63 u., 65 mi., 67 o., mi., 69 u., 71 mi., 73 u., 79 o., 81 u., 83 u., 85 mi., u., 87 o., mi., 89 mi., 91 mi., u., 93 mi., 95 o., u., 97 o., mi., 99 mi., u., 107 o., 109 o., 111 mi., u., 113 u., 115 mi., 117 o., 119 o., u., 121 o., 123 o., u., 125 o., 131 o., mi., 133 o., 141 o., 143 u., 145 u., 149 o., 151 o., 155 mi., 161 u., 163 mi., 165 mi., 167 o., 169 mi., 171 o., 177 o., u., 179 mi., 183 u., 185, 187 mi., 189 o., u., 191 mi., 193 u., 195 mi., u., 197 o., 199, 203 mi., 207 u., 209 u., 213 u., 215 mi., 217 mi., 219 u., 221 o., mi., 223 mi., o., 236, 237 o., 242, 243 u., 245 u.; **Kasselmann**: U2 o.re.; **Kilian**: 161 o.; **Linke**: 2 o., 4, 29 o., 37 o., 39 o., 69 mi., 75 u., 177 mi., 191 u.; **Lucas**: 75 mi., 79 mi., 81 o., 219 mi., 230; **Minde**: 99 o.; **Nieuwenhuizen**: 47 o., 101 mi., 109 mi., 121 u., 127 o., 135 mi., 139 u., 143 mi., 147 mi., 155 u., 159 u., 171 mi., 175 u., 205 o., 211 mi., 225 u., 232 u.li.; **Peither**: U2 mi.li., u., 20 u., 37 u., 83 mi., 89 u., 105 u., 109 u., 113 o., 117 mi., 127 u., 141 mi., 159 o., 183 o., 193 o., mi., U4 o.; **Reinhard**: 59 o., 232 mi., u.re.; **Schliewen**: 221 u.; **Schmida**: 55 mi., 77 mi., 149 u., 225 o.; **Schraml**: 43 mi., 59 mi., 61 mi., u., 85 o., 103 mi., 111 o., 147 u., 157 o., u., 167 mi., u., 201 u., 205 u.; **Spreinat**: 51 u., 57 o., 59 u., 101 o., 115 o., 119 mi., 137 o., 151 mi., u., 153 o., mi., 165 u., 211 u., 238, 239; **Staeck**: 29 u., 31 u., 33 o., 61 o., 63 o., 77 o., 81 mi., 93 u., 105 o., 123 mi., 131 u., 143 o., 209 o.; **Weidner**: 65 u.; **Werner**: U1, 10, 19, 23, 27 mi., 33 u., 41 u., 47 mi., 49 o., 51 mi., 57 mi., 63 mi., 73 mi., 75 o., 79 u., 95 mi., 97 u., 101 u., 103 u., 113 mi., 117 u., 121 mi., 125 mi., 139 o., 141 mi., 159 mi., 165 o., 173 o., mi., 181 u., 201 o., 205 mi., 213 o., mi., 219 o., 223 o., 226, 228, 229 o.li., o.re., mi., u.re., 232 o.li., 235, 240, 241, 244, U4 mi., u.; **Wildekamp**: 103 o.; **Zurlo**: 6, 65 o., 67 u., 71 o., 77 u., 91 o., 125 u., 135 u., 187 o., 203 u., 207 o., 211 o.

Ein Unternehmen der
GANSKE VERLAGSGRUPPE

Redaktionsleitung: Anita Zellner
Redaktion: Gabriele Linke-Grün
Umschlaggestaltung und
Layout: Cordula Schaaf
Herstellung: Susanne Mühldorfer
Satz: Cordula Schaaf
Reproduktion: Penta, München
Druck: Appl, Wemding
Bindung: Druckerei Auer, Donauwörth
Printed in Germany
ISBN (10)   3-7742-5694-2
ISBN (13) 978-3-7742-5694-1

Auflage: 7.   6.   5.   4.
Jahr: 2009   08   07   06